英雄谁属

曲 鹏◎著

武术师

中国出版集团

现代出版社

图书在版编目（CIP）数据

英雄谁属 / 曲鹏著. ——北京：现代出版社，
2013.1 （2024.12重印）
（我的未来不是梦）
ISBN 978-7-5143-1056-6

Ⅰ.①英… Ⅱ.①曲… Ⅲ.①武术家－生平事迹－中
国－青年读物②武术家－生平事迹－中国－少年读物
Ⅳ.①K825.47-49

中国版本图书馆 CIP 数据核字(2012)第 292867 号

我的未来不是梦—英雄谁属(武术师)

作　　者	曲　鹏
责任编辑	刘　刚
出版发行	现代出版社
地　　址	北京市朝阳区安外安华里 504 号
邮政编码	100011
电　　话	(010) 64267325
传　　真	(010) 64245264
电子邮箱	xiandai@cnpitc.com.cn
网　　址	www.modernpress.com.cn
印　　刷	唐山富达印务有限公司
开　　本	700×1000　1/16
印　　张	12
版　　次	2013 年 1 月第 1 版第 1 次印刷　2024 年 12 月第 4 次印刷
书　　号	ISBN 978-7-5143-1056-6
定　　价	47.00 元

序 言

这套以"我的未来不是梦"命名的丛书，经过众多编者的数年努力，终于以这样的形式问世了。

此时，恰值党的"十八大"刚刚胜利闭幕，选举出了以习近平同志为首的党中央领导集体。"十八大"报告中对教育领域提出："坚持教育为社会主义现代化建设服务、为人民服务，把立德树人作为教育的根本任务，培养德智体美全面发展的社会主义建设者和接班人。"这使我们编者更感此套丛书生即逢时，契合新时期新要求，意义重大。

我们编写的这套《我的未来不是梦》系列丛书，精选了古往今来的一些重要职业，尤以当下热点职业为重。而"梦想的实现"则是本套丛书的核心。整套书立意深远，观点新颖，切合实际，着眼实用，是不可多得的青少年优质读物。

我们深信，这套丛书必将伴随小读者们的生活与学习，而促进他们德智体美全面健康的成长。更使他们对未来充满信心，驾驭着新知识和新科技，驶入海洋，飞向蓝天，去实现最美好的梦想！

目录 CONTENTS

第五章 江湖如何任我行之 善缘福分

第六章 武术师存在的奥义之 天人合一

第七章 武术师存在的奥义之 实力为王

第一章

武术师的前世今生

·导读·

　　轻裘长剑,烈马狂歌,忠肝义胆,壮山河……柔情铁骨,千金一诺,生前身后,起烟波……这是中央电视台很久以前播放的一部有关武侠电影的记录片片尾曲,每次听到它的时候,灵魂深处的某个刚健的部分就会被唤醒。千古文人侠客梦,沧海横流之际显现的英雄本色,都始终脱不开一个字——武,而践行这个字的则是那个我们想象中衣袂飘绝的武者。

　　同样在这部纪录片中提及习武行侠之人时,曾作过这样的注解:古代侠者,多为善武、重义、搏命者,浮生于乱世,名噪于道衰,或立捐躯忘生之义,或结生死与共之情,故以信义扬名于天下,以勇武取重于诸侯。华夏民族赋予武者的精魂,始终为每个心有侠义的神州儿女编织着无数英雄梦!

　　而今谈及武者,国人也总要想到一些名字和影像,黄飞鸿、洪熙官、马永贞、霍元甲、李小龙、陈真、李连杰,《精武门》《唐山大兄》、"黄飞鸿系列电影",这些响亮且耳熟能详的名字,这些曾让我们血脉贲张的光影,不止在记忆中代表一段不寻常的时光,其间更有许多我们需要珍视的东西存在,我们能模糊的触摸到它,但是总感觉那来的还不够真切,有一丝直指人心的力量萦怀,却又不知这藤蔓的根系源于何处,我们亟待找到答案,因其关乎我们的情感和记忆,更因其关乎一种绵延在血脉中的精神。

　　20世纪60年代以来,功夫更是作为中国的标签之一,享誉世界,许多外国人慕名而来,寻找他们心目中的"中国功夫",寻找他们心中的缔造中国功夫神话的"中国龙"。

　　世界各国皆有其武术技击,国人在这片神奇伟大的土地上缔造的武术奇葩，着实让我们心驰神往，当然在这部书中，我们也会介绍其他地域的武者故事，他们同样也造就了许多不朽的传奇。

就我国的武术历史来说，名字的缘起最早见于南朝颜延年的《皇太子释奠会作诗》，文中说："偃闭武术，阐扬文令"。但是，文中的"武术"和现在语境中的"武术"有着很大的区别，当时的武术是指军事而言，作为一个属于体育文化范畴、并包含多种价值功能的技艺名称，"武术"作为现代意义的身份出现得很晚，据文献记载目前所见始于清晚期，至今百余年而已。而武术师的称法就更在其后了，但这无碍于其在时间长河里的传承，在此，我们就来细数一下武术师的前世今生，以飨诸君。

武术师的出现，有着较为复杂的社会、文化与心理的因素。事实上我们的远祖曾是十分强悍好勇的民族。当然，当时的世界是必须用武力才能生存的。和环境抗争，和其它种族抗争，在本族中为地位而抗争，这些都是需要武力的。所以，在人类初期的社会生活中，习武占据着十分重要的位置。据《周礼·大司马》记载，三代（夏、商、周）的学校，教学内容有所谓"六艺"——礼、乐、射、御、书、数，其中射和御就是武力训练，是极其重要的学习内容。远古尚武的风气和习武的生活在后来虽然受到儒家文化非常大的冲击，但始终有巨大的影响。这为武术师的出现奠定了基础，后来在演变中，武术师的第一个替代词出现了，即是"侠"，"侠"这个词的第一次出现，是在《韩非子》中，该书首先在书面语言上多次使用，同时作者书中的"带剑者"和"侠"是一个意思。武术师的肇始即侠开始登上历史舞台，自诞生之日起人们就把他们与剑联系在一起。"剑"在武侠文化中一直是最厉害的武器，举凡高手的武器都是剑。

■ 也说"剑"

春秋战国时期,是中国历史上的最重要的社会转型期,从奴隶制过渡到封建制,铁器产生了,剑的发展尤为突出,上至帝王将相,下至游士侠客,均以佩剑为威武荣耀之象征,剑成为人们尚武的标志(人们心目中的文人孔子、屈原亦均佩剑)。随后兵器种类不断增加,"戈、矛、弓、矢、戟、钩、斧、刀、殳均出现在战场上。"鸿门宴"中项庄舞剑,意在沛公,说明当时已有剑的套路。越王勾践的剑,系当时制造的精品,据传十年磨一剑。欧冶子一生铸剑三把:第一把叫"龙渊",第二把叫"泰阿",第三把叫"工布"。这些宝剑弯转起来,围在腰间,简直似腰带一般,若乎一松,剑身即弹开,笔挺笔直。若向上空抛一方手帕,从宝剑锋口徐徐落下,手帕即一分为二。斩铜剁铁,就似削泥去土。荆轲刺秦王,秦王身负长剑不出,均能看到剑的辉煌身影。

这里还有一个很美丽的故事,在现代金庸的一本叫《越女剑》的书中有所提及。而在古籍记载中,它的版本却是这样的:

越王勾践在兵败吴王夫差之后,一直思虑报仇雪耻,于是问计于相国范蠡,范蠡在回答勾践问题的时候提及一个女子,范蠡称其为处女,说此女越国人都称颂其武艺高强,可以让她教习越国兵士武技,越王勾践于是马上叫范蠡去请处女。

在此女见勾践的途中,遇到一个老头,自称为"袁公",这个叫袁公的问处女:"我听说你善于使剑,想要见识一下。"处女曰:"我不敢隐藏,你想试

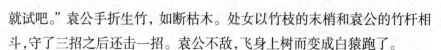

就试吧。"袁公手折生竹，如断枯木。处女以竹枝的末梢和袁公的竹杆相斗，守了三招之后还击一招。袁公不敌，飞身上树而变成白猿跑了。

而后处女见到越王勾践，越王问她："听说你剑法不错，到底怎么样啊？"处女回答说："我生在乡野之中，什么都学，也喜欢武术，没有特意向谁学习武术，好像突然就会了。"越王又问道："那是一门什么样的功夫呢？"

处女答道："其道甚微而易，其意甚幽而深。道有门户，亦有阴阳。开门闭户，阴衰阳兴。凡手战之道，内实精神，外示安仪，见之似好妇，夺之似惧虎，布形候气，与神俱往，杳之若日，偏如腾兔，追形仿佛，光若彿彷，呼吸往来，不及法禁，纵横逆顺，直复不闻。斯道者，一人当百，百人当万。"这些话说的神乎其神，有点类似后来的内功心法的练习，或者这是后来武术境界最高的天人合一的境界。

可见越女不仅剑艺高超，还是很好的理论工作者。

越王勾践当然不能被她忽悠，于是便理论联系实际，让她当场试验，结果其验即见。越王勾践这才知道捡到宝了，于是赐给这个女子一个号，号曰"越女"。于是叫军队中的军官学习这门武技，然后教给士兵。这门武技也被称为越女之剑。越女也成为历史上第一个名副其实的女侠。

据说这越女武技训练出来的精英就是后来随勾践吞吴的三千越甲。

■ 漫谈"武"字

就"武"这个字而言，它是一个会意字，从字的结构上看，主要由"止"和"戈"组成。"止"字，古同"趾"，指脚、脚趾头的意思，在这里可理解为迈步前进；戈，则泛指各种武器。可见，"武"字的意思就是持戈前进，进行战斗。这一个字就点出了武艺的本质，即战斗的技艺。后来也有一种看法认为"武"字的含义是停止杀戮、止戈为武。就武术师的武德修行来说，这也无可厚非。无论是"持戈前进，进行战斗"所代表"道义之所在，虽千万人吾往

矣"的勇者风范,还是"停止杀戮、止戈为武"所宣扬的"退一步海阔天空"的仁者仪态都是武术师不可或缺的本质所在。

在血迹斑斑的史书上,侠武之士也写下恢弘壮阔的一笔,太史公司马迁的《史记·刺客列传》记载了被后人称为"四大刺客"的四名侠士,即专诸、豫让、聂政、要离(另一说是专诸、要离、豫让、荆柯),他们的信条都是"士为知己者死"。他们以视死如归的气魄和撼动山河的壮举,在历史上留下了自己的侠义之名。

■ 秦汉经行处

始皇嬴政建立了中国历史上第一个大一统王朝——秦朝后,开始收缴兵器,违者灭九族,《史记·秦始皇本纪》记载:"收天下兵,聚之咸阳,销以为钟鐻,金人十二,各重千石,置迁宫中。"秦始皇建立了一支"带甲百万、车千乘、骑万匹"的强大军队。这一阶段处于中国封建社会上升时期,政治、经济、文化的发展为武术逐步由单纯军事技能向竞技方向发展创造了条件。角抵、手博、击剑相继发展兴盛。

秦末,刘邦醉酒拔剑击斩白蛇。刘邦当亭长时,押送犯人到骊山,途至丰西泽放了这些人,只剩十余个追随者。晚上喝酒,遇蛇,刘邦斩蛇成两段。这个情景被被司马迁记入了《史记》,一段皇帝天象的传奇,天将降大任于此人也就有了不凡的依据。

到了汉末三国时代,风起云涌,豪杰辈出,时势造英雄,政治、经济、军事形势有力地推动着军事武艺的发展,曹、孙、刘、关、张诸多名将名人妇孺皆知,武术史上又多了一些亦真亦假却能流芳百世的奇闻。值得一提的是华佗五禽戏,是后世命名为象形拳的典型例证。

■ 乱世印象

　　两晋南北朝长达三百余年,是中国历史上风云动荡的时代,也是一个民族大融合的时期。两晋政权建立不过三十年,即爆发了"八王之乱"。匈奴、鲜卑、羯、氏、羌等西、北方民族纷纷进入中原,相互混战,先后建立十余个政权,史称"十六国"。汉族政权南迁之后,先后有东晋、宋、齐、梁、陈五个朝代。而北方则由鲜卑等民族建立了北魏、北齐、北周等朝代。南北对峙近三百年,史称南北朝。此一时期,战乱频繁,战争的现实促进了军事武艺的发展,特别是民族间的战争,使得各民族的武艺得到了发展与交流。其另一特色是偏安南方长江流域的汉族政权多享乐苟安,崇尚声色玩乐。在这种历史条件下,娱乐性武术得到了较大的发展。这一时期,也是佛教、道教等宗教迅速发展的时期,使武术与宗教活动开始有了较多的联系。其最重要的特色是民族的大融合,为中华文化注入了新鲜的血液,也使中国武术有了较大的变化与发展。

■ 大唐气象

　　唐朝,这个中国古代封建社会最为鼎盛的时期,武术也加快了发展的步伐,武则天实行"武举制"用考试的方法选拔武勇人才,在一定程度上促

进了武艺的发展，"少林寺"的发展也在此时，反映出统治者对武艺的重视，此时期刀、剑发展较快，诗人李白、杜甫青年时亦曾习练剑术。唐朝以来开始实行武举制，对武术的发展起了促进作用，如对有一技之长的士兵授予荣誉称号。裴文将军的剑术独冠一时，裴文的剑术、李白的诗歌、张旭的草书有并称唐代三绝的美誉。

在《太平御览》中有一段"公孙大娘善舞剑"的记载，杜甫在观看了"公孙大娘的弟子舞剑后，写了一篇著名诗作。

"昔有佳人公孙氏，一舞剑器动四方，（名震四方）

观者如山色沮丧，天地为之久低昂。（光芒四射，观众惊讶）

霍如羿射九日落，矫如群帝骖龙翔。（气势如九日落，群仙乘龙翔）

来如雷霆收震怒，罢如江海凝清光……"（动如震雷，静如春光）

看了真是很让人心驰神往，接下来我们再说说少林和传说中的达摩。

达摩与少林

在中国南北朝时期，一位名为布达达玛的印度僧侣来到中国。这就是著名的中国禅宗祖师达摩。他来的目的是宣扬大乘佛教的教义。公元 520 年，他从印度乘船到被其称为震旦的中国，在当时南朝梁国，即现在的广东省附近，他曾向当时梁朝的皇帝梁武帝传扬他的宗教信仰，虽然梁武帝推崇佛教，可是他的信条在当时的中国南部似乎没有市场。达摩于是北行，最后在河南省的嵩山少林寺安顿下来，并开始传道。少林寺大约在公元 495 年建成，比达摩到时约早 25 年。

达摩很快就吸引了大量北方的信徒。除了宣扬宗教的教义外，据说他也将他的武功教授给门徒。传说中，达摩几乎是一位有超自然能力的武术家。他被形容为能够踏在一片芦苇叶上渡过江河，并且面壁九年来冥想及修练高深的内功。他也被说成是《易筋经》和《洗髓经》的作者，两本书都是

气功方面最受重视的经典著作。事实上,达摩被许多人推崇为中国武术的创始人,而少林寺就被视为绝大多部分中国武术门派的发源地。这个论调曾引起过不少的争议:因为很多关于达摩的传闻都只是口耳相传的,并无文献可据。如果相信达摩能够施行那么多传说中的神迹,且开创了日后绝大部分中国人所练的武术的话,那就未免太天真了。但是,我们可以假定达摩除了是一位佛教的圣僧外,恰好也是一位练武的人。他在少林寺传播佛法之余,同时也传授他的武功给门徒,主要是一些体操类的练习,用以强身健体。明显地,这些训练很奏效,于是乎,练习武术便成为少林僧侣的日常功课之一了。

达摩之后,少林寺的确出现了相当数量的武功高强的门徒,而少林寺亦逐渐被习武的人视为高水准的武术训练机构。在唐朝初期,少林寺从皇帝口中得到最高的荣誉。历史记载,李世民没做皇帝之前,被王世充的军队追杀。在危急关头,李碰巧跑到少林寺附近,被一班僧人救了。其后,李世民继承皇位,是为唐太宗,赐封少林寺为武僧寺。

这故事后来在一部叫《少林寺》的电影中被精彩的演绎着,民间也有关于这个故事的名号,叫"十三棍僧保唐王",历史就这样被进行放大和强化。当然,这也一如武术,在这样的传承中光大发展。

此后,上少林寺学武便成为武术爱好者的共同目标。开始只限于寺中弟子。后来少林寺逐渐敞开山门,接受俗家弟子。于是,少林武功开始越传越远、越传越广了。

传说中,少林寺有两位杰出的俗家弟子,对发扬及推动少林武功曾产生过极深远的影响,他们就是赵匡胤和岳飞。

■ 红尘中行走的少林俗家弟子

赵匡胤是宋朝的开国君主,当时由于连年战争,中原受到强敌"契丹、

西夏、女真"侵扰,战乱频繁,尚武风气甚浓。《梦梁录》卷三载,每年春秋两季,"禁中教场,呈试武艺,飞枪斫抑,走马舞刀,百艺俱全",赵匡胤身体力行,练就一身好武艺。而且据说他所修习的少林拳技已练到最高的境界,并将之进一步改良。他还创立了著名的"太祖长拳",在中国北方有很多人都练这套拳法。这套拳是以赵氏的谥号"太祖"命名的。

顺便说一句,有宋一代,民间也出现了不少武术家,如水浒英雄、方腊兄妹、"杨家将"铁枪李全及夫人杨妙贞。民间也出现民众组织"锦标社""英略社""角抵社",街头巷尾打场比武热闹非常,此时期是武艺大发展、大兴盛的一个非常时期。以民间结社的武艺组织为主体的民间练武活动蓬勃兴起,有习枪弄棒的"英略社",习射练习的"弓箭社"等。由于商业经济活跃,出现了浪迹江湖,习武卖艺为生的"路歧人"。其时武术师以后世所不熟知的身份活跃于历史的舞台上。

■ 有明一代

由于元朝的残暴统治,终于在其入主中原九十余年后,爆发了农民大起义,其中一只队伍发展壮大,它的领导人是朱元璋,朱元璋于公元 1368 年建立了明朝,建都于南京。中国又进入了一个长期稳定发展的时期。在这一时期,中国武术有了突飞猛进的发展,从而跨入了一个新阶段。

明朝建立后,蒙古瓦剌部长期与朝廷处于敌对状态。"土木堡之变",明英宗朱祁镇亦被俘虏。终明之世,北方的军事威胁始终未能解除。这一时期,日本封建诸侯又支持日本西部地方破产的封建主、武士、浪人、商人等,到我国东南沿海进行抢、掠、烧、杀的海盗活动,史称"倭寇"。御倭的问题,也一度成为明朝面临的重要军事问题。对军事的重视也必然导致对武术的重视。唐顺之的《武编》、俞大猷的《正气堂集》、戚继光的《纪效新书》《练兵实纪》、何良臣的《阵纪》、郑若曾的《江南经略》等一批武术及军事名

著,正是在这个背景下,由军事训练及战争实践的检验总结而产生的。民族英雄、著名军事家戚继光、俞大猷等人,同时也成了在武术实践、武术理论上颇有建树的武术先行者。留传至今的武术及军事著作在当时的大量出现,以及既是军队将领又为武术发展有过卓越贡献的人物大批涌现,是明代武术史上一个值得注意的现象。

明代武术不再仅以刀、枪、棍分门别类,在全国范围内已形成了诸多风格迥异的流派;十八般武艺在明代已有了具体的名称内容。以此为特征,标志着中国武术体系的形成。

值得一提的是明代与日本文化交流频繁、广泛。日本刀法深受中国武术家关注,而中国武术又在这一时期深刻影响了日本柔道和空手道的创立。

武艺卓绝的出家人

除了少林之外,在中国史上还有一些其他的宗教地方,也曾培育出一些闻名的武术家。这也是后来传说中的六大门派的的原型(属于佛教的少林和峨眉,属于道教的华山、崆峒、武当)。事实上,每当政府的政权因某些原因易手之时,总会有新任政权的军队到寺院、庙堂和道观这些地方来搜寻前朝的逃犯,以免他们伺机危害新任君主。在中国古代,假如有人舍弃红尘,出家为僧为道的话,只要他们不再谋反,新政府一般都会对他们特别宽容。在古时,这些晓功夫的出家人散布在中国各地,尤其是深山野岭的偏远地方。他们当中大部分人从此就成为了真正的和尚或道士,但是,正如你所想象的,却没一个人会舍弃他们学了多年的武艺。

而事实上,他们新的生活环境让他们有更多的空余时间和心情去练习及改良他们的武艺,他们的武功自然就比以前更加高强了。他们当中有很多人不但成为享负盛名的武学大师,还发扬武学,将他们所学传授给门下的僧侣和前来拜师的俗家弟子。日子一久,这些寺院、庙堂和道观便好像

少林寺一样,俨然成为超级的武术训练学院了。

■ 话说功夫、武术和国术

功夫是广东话,字面的意思是达到某种技术水平,无论是指武功、绘画、书法或者园艺。现已成为中国武术的通称。另一个更为正规的名词是国术,意思是国家的艺术,这里的国家,当然是指中国。而术就是指武术。

武术字面的意思是搏斗的艺术。对于中国人而言,所有搏斗的艺术都叫武术,包括西方的拳击、剑击、空手道、柔道、跆拳道等等,当然也包括中国功夫在内。

李小龙,已故咏春拳的宗师叶问的学生,可能是最早使用功夫一词来代表中国武术,及令此词在美国及稍后在其他西方国家流行的人。

■ 孙中山倡言"尚武"

伟大的民主革命先行者孙中山先生,是一位武术运动的爱好者和热心倡导者。早在投身革命洪流的年代里,他就曾聘师学武术。他说:"中国的拳勇技击,与西方的飞机大炮有同等作用。""处竞争剧烈之时代,不知求自卫之道,则不适于生存。"他要国民练习武术增强体魄来"强种保国"。

1894年,孙中山在檀香山成立了以华侨为主体的兴中会,并最早喊出了"振兴中华"的口号。中华的振兴除了政治的改革、经济的繁荣、军事的崛起、科技的创新、文化的传承之外,也包括体育的自强。

中华民国成立后,孙中山先生在南京以大总统的名义,发表了一系列文告。在《大总统令内务部通饬各省劝禁缠足文》中强调:"欲图国力之坚

强，必先图国民体力之发达。"这 17 个字精辟地阐明了体力与国力的关系。

"东亚病夫"是列强污辱中国人的称谓，孙中山很早便为洗雪这一耻辱而呼喊了。1904 年，孙中山在《中国问题的真解决》一文中就指出："被认为是东亚病夫的中国"成了一块"用以满足欧洲野心"的肥肉，于是"拯救中国"便是"我们的责任"了。

近代武术名家霍元甲逝世后，其弟子于 1910 年在上海成立精武体育会。孙中山先生于 1919 年 10 月 20 日为《精武本纪》一书作序。大致有这样三层意思：

无论科技如何进步，体育的技击功能绝对不能丢弃。原因是世间的万事万物，都是遵循"用进废退"这个法则的。"自火器输入中国之后，国人多弃体育之技击而不讲"，这是"袭得他人物质文明之粗末"而丢掉了根本，其结果"积弱愈甚"，那是"近来有识者所深忧"的。

我们所处的时代，是竞争异常激烈的时代。"不知自卫之道，则不适于生存"。"人必自侮而后人侮之，国必自伐而后人伐之"。一切都取决于自身。要自卫首先要自强，因为只有"强种"才能"保国"。如果我们的民族"善于自卫"，那么这个世界就"无弱肉强食之说"了。

被称为专门研究"体魄修养术"的体育团体，其宗旨应以振兴体育技击术为要务。精武体育会成立以来，由于"会中诸子""不同于流俗"，而且有"先知毅力"，所以"成绩甚多"。希望这类团体越办越好。

武术在当代

新中国成立后，中央领导非常重视武术师的培养，1950 年、1952 年列武术为推广项目，1953 年举办全国少数民族体育表演及竞赛大会，武术为重要项目，党和国家领导人对其评价很高。1954 年各体育学院将武术列为正式课程；1956 年北京武协成立；1957 年武术列为全国竞赛项目，并组

织专家制定整理国家规定,甲组、乙组、初级套路、简化太极拳、刀、枪、剑、棍共十六七个套路,并制定相应竞赛规则;1958年规则出台;1985年制定了武术"运动员等级标准";1986年成立了国家武术研究院,国内开始每年有七八项全国性、国际性比赛,中国武术师开始走向世界,登上亚运会的赛场。

■ 中国武术的路在何方

中国武术已有很悠久的历史。由早期武术只限于是贵族、富豪和军人的活动,到最后传到社会各行各业,在门派的数目、技巧的分野、参与的人数的增长都在晚清时期(约100至150年前)达到顶峰。自此武术的发展便开始向下滑落。在过去一个世纪,中国断断续续地经历了很长的动荡时期——百日维新、军阀混战、日本侵华……总之就没有一个政府能够提供稳定的环境让人去学习像武术这一类的文化艺术。虽然第二次世界大战结束了,国家的动乱仍然继续。直至新中国成立,国家才真正稳定下来重建经济民生。改革开放后有了西方的投资、技术和管理的流入,中国经济迅速起飞。另一方面,人们的生活方式亦随之改变。生活的节奏越来越紧张、繁忙,甚少人可以付出时间来参与体育文化活动,更不用说中国武术了。因为中国武术需要练习者较认真的承诺和较多的时间投入,学功夫遂日渐过时的行为了。

不过,近年来的中国武术发展又展开了新的一页。在一些中国大陆和香港的武术家的不断努力下,中国的功夫成功地被传到外国。上万间武馆在西方的国家建立了,吸引大量的追随者。现在国与国之间的武术交流的界限已被打破,激起了新的风格和改进。中国功夫在世界其他的国家兴盛的情景,反过来引起了祖国人民学功夫的兴趣,也令很多现存的武术家加强他们的技巧,重新激发起他们将生平所学发扬到中外其他地方的决心。

希望这个现象会持续下去，期待在不久的将来，中国的武术再放异彩。

维新派的首脑人物康有为曾经意味深长地指出："士无侠气，则民心弱。"鲁迅也深刻地指出："要论中国人，必须不被搽在表面的自欺欺人的脂粉所诓骗，却看看他的筋骨和脊梁。"他还说："惟有民魂是值得宝贵的，惟有他发扬起来，中国才有真进步。"现代作家沈从文更是直截了当地说："游侠者精神的浸润，产生过去，且将形成未来。"

■ 墙外花也红

在我们的几个邻国及世界其他地域中也诞生了许多的武术流派和杰出的武术大师。

如朝鲜半岛的跆拳道，它是朝鲜古老的民间技击术，是一项运用手脚技术进行搏击格斗的朝鲜民族传统的体育项目。它由品势（拳套）、搏击、功力检验三部分内容组成。现代跆拳道是在引进与吸收中国的传统武术及日本空手道的基础上，创新与发展起来的一门独特武术，具有较高的防身自卫及强壮体魄的实用价值。

日本的空手道，也称空手，是发源于琉球王国（今琉球群岛），由多种武术构成的系统。其前身是古代琉球武术"手"，融合了传入的中国武术后，被琉球人尊称为"唐手"，大正年间传入日本，受日本武术影响，成为"空手道"。

泰国的泰拳更是一门传奇的格斗技艺，是一项以力量与敏捷著称的运动。主要运用人体的拳、腿、膝、肘四肢八体八种武器进行攻击，出拳发腿、使膝用肘发力流畅顺达，力量展现极为充沛，攻击力猛锐。

传说，在古代，泰国和缅甸发生战争，泰国战败，国王被俘。缅甸王听说泰国国王是搏击高手，就派缅甸拳师与他比赛，并许诺如果缅甸高手战败，就释放泰国国王。果然，泰国国王完胜，缅甸王也只好把泰国国王释放回国。之后，泰国国王把自己多年的搏击经验编成一种拳法，传授给将士，

这套拳法则是泰拳。

有人说泰拳不外是泰国的民族拳术,没有什么奥秘可言,但是现代泰拳已经成为"源于泰国,属于世界"的一项体育运动。大家熟知的K1、KOMA等世界性搏击大赛的大多数选手都是泰拳习练者。任何武术所以扬名世界,必有其独特性质及个别价值。泰拳闻名于世,有辉煌灿烂的历史,其珍贵之处,绝非三言两语可以尽其精华,其后我们会慢慢道来。

还有巴西的柔术,巴西柔术起初是一种扭斗的武术,它的技术和策略都基于对地面打斗的深入研究。巴西柔术源于日本柔术,柔术练习者,擅长将对手拖向地面,然后在地面上获得控制的姿势。一旦形成控制姿势,柔术练习者可以使用关节技、绞技或击打技术等多种攻击手段,将对手制服。在1993年第一次终极格斗大赛上(UFC),霍易斯·格雷西获得冠军,巴西柔术开始引起世人的关注。

世界七大武术家

国际权威杂志《黑带》在1972年刊中所列"武英殿"世界名家即世界七大武术家:

1.李小龙(已故):截拳道创始人。

2.丹·侬云:风云人物,军人背景,为精修空手道、柔道、合气道及剑道的名家。

3.山口吾诚:空手师范,山口刚玄之子。

4.山田嘉光:美国合气道协会主席、八段。

5.增根·泰三(已故):柔道大师。

6.约瑟·希斯:空手道运动员。

7.杜·格林姆:柔道运动员。

世界武术门派众多,高手如云,在此不再一一赘述。然而这些武术流派现在皆以技击为主,极少涉及武德的修行,我们看到以这些武技修炼者为主导的各项世界技击争霸比赛中(如UFC、K1等),非常暴力血腥,我们不摒弃武术师的技击训练和比试,但我们更崇尚以德为要义的武技练习,不但强身健体,还可除暴安良,更能修身养性的武术文化。

第二章

武术师是怎样练成的
之武技修习

◦导读◦

　　这世上无论哪一个行业在遵循共性的客观发展规律的同时，都有属于其行业本身的独特成长之路，并使之成为该行当的立足于社会的基本要素。武术师作为一个有着悠久历史和文化积淀的职业，最为人们关注的其实还是它如何完成武技的修炼，这同时也是其日后"行走江湖，红尘来去"的资本所在。具备武技这个最基本的砝码之后，武术师的名号的厚重才得以显现，我们这一章要追寻的就是武术师如何锻造这个基础砝码。而究其要义，我们不难发现，锻造的过程少不了对几个材料的淬炼，它们是：勤奋，积累，坚持和专一，还有足够影响你一生的任何一个好的习惯。

■ 一杯水的彻悟

　　李小龙成名之后,无数学武之人蜂拥而至,李小龙也表现出一代宗师的气度,开馆授徒,广迎八方。但不是每个徒弟和来访者都是循规蹈矩,总要有一些人,问询一些看似基本却又最核心的问题。一日,一位同样声名卓著的武术大师想让李小龙教会他李小龙的全部功夫。

　　李小龙沉吟片刻,便拿出两个装满水的杯子,武术大师很不解,李小龙说道:"我的师傅叶问说过一个故事,一个日本禅师接受一位大学教授邀请教授他禅的问题,开始交谈没多久,这位禅师就觉得这位大学教授对于学禅并没有多大的兴趣,因为那位大学教授总是在发表他的意见和学识。禅师耐心地听着,最后建议去喝茶。禅师把教授的杯子倒得满满的,而后仍继续倒茶。教授看到茶杯的茶溢出来了,忍不住说:'茶杯满了,不要再倒了'。'就像这个杯子一样',禅师说:'你充满了你自己的意见和理论。除非你先空出你的杯子来,否则我怎么教你禅呢 。'茶杯的价值就在于它的空。"

　　接着李小龙指着第一杯水说:"这第一杯水,代表你所会的全部功夫,第二杯水代表我所会的全部功夫。如果想将第二杯水全部倒入第一个杯中,你必须先把第一个杯子中的水全部倒光。"每个人都想要拥有全部,其实这是最不切实际的妄想,你要想有新的成就,拥有全新的自己,就需要与过去做个斩断,清除所有错误观念,倒空自己,从而保持一颗空杯心态。

　　想修习最高的武技,就要从头做起,完成一个彻底的从新开始。

　　一个习武者近一段日子武功毫无长进,找到师傅说,他心情糟透了。师

傅听完后指着桌上的一杯水说:"这只杯子在这儿很久了,每天都有灰尘落在里面,知道为什么依然清澈透明吗?"习武者盯着杯子思索:"灰尘都沉到杯底了。"

师傅点点头:"习练武技的过程中困难很多,越是心神不灵,就越烦躁,那就进境越慢,如果像这杯水,学会沉淀自己,反而会更加纯净。"

逐梦箴言

敢于清空自己是一种为梦想而踏死不顾的决绝,而学会沉淀自己同样是昂扬向上的大智慧。对于习武者来说,其实只一杯水的智慧而已!

知识链接

中国古代有"十八般兵器"之说,至于究竟是哪十八种,历来说法不一,一般是指弓、弩、枪、棍、刀、剑、矛、盾、斧、钺、戟、殳、鞭、锏、锤、叉、钯、戈。在这十八种兵器中,有的已被淘汰,像殳、戈;有的已经演变,像钺,原是古代的一种大斧,现在却变成一种小巧兵器,有刃有钩,双手可各持一个,如子午钺。而实际上,中国武术中的兵器远不止十八种,如果加上各种奇门兵器和形形色色的暗器,总数恐不下百种。

■ 三次雪夜等候

蔡桂勤,字拙亭,出身武术世家。1905年与师兄李瑞云、胞弟蔡桂俭

在上海创办西庆镖局并任总镖头。1906年在上海与"鉴湖女侠"秋瑾相识，深受其爱国反清思想影响，并与之论剑。1919年霍元甲在上海创办"精武体育会"，他是与霍元甲、王子平齐名的该会武术教官。1920年经李宗黄引见结识孙中山，后去广州大元帅府传授武术。曾捐20万元支援抗美援朝。

在他少年的时候，有一位闻名遐迩的"齐鲁大侠"丁玉山，经常到以武会友的四海春茶楼喝茶。蔡桂勤知他武艺高强，得华山蔡氏华拳拳法的真传，便欲拜他为师，但丁玉山非常固执于"艺不轻传""择人而教"的古训，他的武艺连自己亲生儿子都不传授，何况是外人，于是蔡桂勤遭到了拒绝。然而蔡桂勤先生求艺心切，每天都去茶楼接近"齐鲁大侠"。有一天，丁玉山终于开口说话："你真想学华拳？真想学的话，今晚子时，在太白楼下候我，能做得到吗？"蔡桂勤欣然答道："能！"当夜便早早地到了太白楼下。那是一个严冬的夜晚，朔风夹带着鹅毛般的大雪，家贫衣单的蔡桂勤实在抵挡不住风雪的侵袭，只得拉开驾式，行拳走步，借练拳来御寒。好不容易挨到子时，可是并不见"齐鲁大侠"的到来，直到天光大亮，丁玉山始终没有露面。第二天，在四海春茶楼，丁玉山好像没事儿一样，根本不提昨晚的事，蔡桂勤很恭敬地站在一边也不敢问他。待茶罢人散，丁玉山方始淡淡地说："昨晚我忘了，一觉睡到了大天亮。今晚子时，再去太白楼下候我，能吗？"蔡桂勤先生又欣然答道："能！"这天夜里，风仍怒号，雪仍狂飞，"齐鲁大侠"仍然没有来。第三天，蔡桂勤先生在茶楼见到"齐鲁大侠"，垂手而立，依然不敢问昨天夜里的事，人散，丁玉山又淡淡地说："昨夜我喝醉了酒，今晚子时再去候我，还能吗？"蔡桂勤先生仍然欣然答道："能！"可是这第三个雪夜，"齐鲁大侠"又没有来临。第四天，见到"齐鲁大侠"时，蔡桂勤还是很恭敬地垂手站在他身边。茶罢，众人散去，丁玉山唤蔡桂勤坐下，用一对炯炯有神的眼睛直盯着蔡桂勤看了好一阵子，而后说："气至三鼓而衰，而你受此三挫，气仍粗，面无怒色，乃具至大至刚之志的人，难能如此，我就收下你这个学生吧！"经过这三次雪夜考验，蔡桂勤才列入"齐鲁大侠"门下。三年的时间，尽得华拳精髓，逐渐独步武坛。

知识链接

南拳北腿：

　　长江流域和长江以南地区流行的武术手法多，桩步稳，拳势激烈，并常以发声吐气协助动作发劲，需要场地较小，素有"拳打卧牛之地"的说法。而流行于黄河流域及其以北地区的武术，长于腿法，架式大，节奏快，多窜奔跳跃。北派拳术需要场地较大，有"拳打四方"的说法。南北武术各有侧重，特点鲜明。

■ 拖着尾巴过河

　　一个武馆的馆主讲过一个"狐狸过河"的故事，说有一个狐狸听说河对面有甘甜的葡萄可以吃，便想过河，可走到河边后，聪明的狐狸犯难了：过河吧，就要弄湿自己那美丽的尾巴；不过河呢，就吃不到甘甜的葡萄。怎么办呢？狐狸苦苦思索，它在河边走来走去，走来走去……也许想得太专注了，连身后猎人的脚步声都没有听到，只听"砰"的一声枪响，狐狸倒在了血泊之中。

　　习武的路上，幻想成功、渴望成功的人很多，可最后获得成功的却寥寥无几。综观失败者,大体有两类人,一种是天性愚笨之人;另一种人是聪明绝顶之人。那种聪明之人既迷恋功成名就所带来的一切物质方面的诱惑,又对成功道路上的每一点付出精打细算,唯恐付出与收获不等值。结果呢,就在他算计来算计去的时候,错过了一次又一次迈向武学巅峰的机遇。就像那只狐狸,总想着自己的尾巴,结果怎样了呢?

逐梦箴言

其实,真正的聪明是:拖着尾巴过河。因为,世界上不存在没有付出的成功。就像狐狸过河就要弄湿尾巴一样,你要想成为武林强者,就需要付出代价。前世界跆拳道冠军威尔森,他进行过70次职业格斗,从未败北,当别人夸他有天赋时他说:"我坚信,我和李小龙一样认为,没有任何东西能够取代奉献和努力。天才能打开你成功的大门,懒惰却能让你当众出丑。"

■ 每滴汗水都不会白流

曾经有一对以拾破烂为生的孪生兄弟,他俩盼星星盼月亮,就盼哪天能够发大财。上帝亦因他俩的每一个梦都与发财有关而大受感动。一天,兄弟俩照旧沿街一边一人从家里出发,一路同向而去。可一条偌大的街道仿佛被上帝来了一次大扫除,连平日里最微小的破破烂烂都不见了踪影,唯一剩下的就是稀稀拉拉东一个西一个冷冰冰地躺在地上的小铁钉。三两个小铁钉能值几个钱? 老二不屑一顾。老大不嫌弃,一一弯腰拾了起来。及至街尾,老大却差不多盆满钵满。瞧瞧老大,老二若有所悟。老二羡慕得欲回头去捡,可是,来时路上的小铁钉,一个都没有了。

我的未来不是梦

忽然，兄弟俩几乎同时发现街尾新开了一家收购店，门口赫然挂出一牌，云：本店急收×寸长的旧铁钉，一元一枚。老二后悔得捶胸顿足。老大将小铁钉换回了一大笔钱。须发飘雪的店主走近呆在街上一愣一愣的老二，问："孩子，同一条道上，难道你就一个铁钉也没看到？"老二很沮丧："上帝啊，我当然看到了。可那小铁钉并不起眼，我更没想到它竟然这么值钱，待我知道它很有用时，这不，那可恶的家伙却全部消失了。"

"孩子，上帝时刻在你们身边。小小铁钉，看似一文不值，可关键时刻，它价值连城啊！不善积累的孩子，不是上帝不给你机会。"话刚说完，须发飘雪的老者风一样地飘去了。

逐梦箴言

每个今天的成功都是由昨天的点滴构成，脚下的路需要一步一步走，别想一口吃个胖子。习武之人，更要积累为要，每颗汗水都不会白流，你武技的硕果，就在它的灌溉下成长。学习武术如同挑水，亦如同做人。循序渐进，逐步实现目标，才能避免许多无谓的挫折。

■ 孙悟空和乐谱

我国著名的哲学大师冯友兰提及童年看《西游记》的时候，心里老想着一个问题：孙悟空武功超绝，会翻筋斗，一下就是十万八千里，还能把常人带到筋斗云里，一同飞去，但唐僧为什么不让孙悟空用筋斗云带着他，一下就到西天去呢？他又何必去经受那九九八十一难呢？

这其实不仅是我们许多人童年的困惑所在，也是我们学习武技的路上

面临的境况,总以为有捷径可攀。

　　冯友兰最后言道:后来,我明白了。成佛在西天,更在西天的路上。自己的路只能自己走,唐僧只有一步一步走到西天,才能成佛。如果他驾筋斗云一下就到了西天,人的身体算是到了,但他还是一个凡夫,成不了佛。

逐梦箴言

　　学武同样如此,最重要的是过程,是磨砺。路要自己走,并且走到底。实实在在走稳每一步,你才能成就别人所不能之事。

■ 每个成功的今天都有无数个平凡的昨天

　　一位音乐系的学生走进练习室。钢琴上,摆放着一份全新"超高难度"的乐谱。

　　他翻动着,喃喃自语,感觉自己对弹奏钢琴的信心似乎跌到了谷底,消磨殆尽。已经三个月了,自从跟了这位新的指导教授之后,他不知道,为什么教授要以这种方式整人?

　　勉强打起精神,他开始用十只手指头奋战、奋战、奋战,琴音盖住了练习室外、教授走来的脚步声。指导教授是个极有名的钢琴大师。授课第一天,他给自己的新学生一份乐谱。"试试看吧!"他说。乐谱难度颇高,学生弹得生涩僵滞,错误百出。

　　"还不熟,回去好好练习!"教授在下课时,如此叮嘱学生。学生练了一个星期,第二周上课时正在准备中,没想到教授又给了他一份难度更高的乐谱,"试试看吧!"上星期的功课,教授提也没提。学生再次挣扎于更

高难度的技巧挑战。

第三周，更难的乐谱又出现了，同样的情形持续着，学生每次在课堂上都被一份新的乐谱克死，然后把它带回去练习，接着再回到课堂上，重新面临难上两倍的乐谱，却怎么样都追不上进度，一点也没有因为上周的练习而有驾轻就熟的感觉，学生感到愈来愈不安、沮丧及气馁。

教授走进练习室。学生再也忍不住了，他必须向钢琴大师提出这三个月来何以不断折磨自己的疑问。教授没开口，他抽出了最早的第一份乐谱，交给学生。"弹奏吧！"他以坚定的眼神望着学生。不可思议的事发生了，连学生自己都惊讶万分，他居然可以将这首曲子弹奏得如此美妙、如此精湛！

教授又让学生试了第二堂课的乐谱，学生的表现仍然是高水准的。演奏结束后，学生怔怔地看着老师，说不出话来。"如果，我任由你表现最擅长的部分，可能你还在练习最早的那份乐谱，不可能达到现在这样的程度。"教授缓缓地说着。

一个赶路的人饿了，在路边的烧饼铺子买了一个烧饼吃。肯定是饿极了，一个烧饼在不觉中就进肚了。他又吃了第二个，接着又吃了第三个。当第三个烧饼吃到一半的时候，他觉得饱了。他付了三个烧饼的钱，却后悔极了，一个劲儿地埋怨自己太笨，简直太愚蠢，为啥？还能为啥，还不是因为自己没有眼力，早知道这第三个烧饼只要吃了一半就能够解决自己的饥饿问题，前头那两个烧饼不是白吃了嘛？

笨人责怪自己的眼力差劲儿，白白浪费了买那两个先吃的烧饼的钱。

没有先前的两个烧饼垫底，能有第三个烧饼只吃半个就有吃饱了的感觉嘛？

所以说这个赶路人笨，说他愚蠢，没有看到问题的根源。

没有量的积累，不可能有质的变化。几乎所有的事物，只要是涉及到变化，基本都是如此。

看问题，如今的一些人往往只注重结果，先是问，也是最想知道结果如何，至于问题发生变化的过程，经常被忽略掉了。其实，这是一种非常不好的现象,也可以说是不正常的,是笨人的思维方式。

事物变化,是有规律可循的。但是,如果只是看问题的表面,而看不到问题的实质的话,是容易被事物的表面现象所迷惑的。还是说吃烧饼吧。通过赶路人吃烧饼,我们知道,这个人的饭量,是两个半烧饼的饭量,也就是说,吃一个肯定不饱,吃两个也不行,而吃到两个半的时候,饱了,即便是还剩下半个烧饼,也吃不下去了,因为已经吃饱了。如果不懂得没有一定量的积累,不可能有质的变化的道理,那么,对于笨人吃饼的故事,是不可理解的,也是根本找不到正确的答案的。但是,如果懂得量变到质变的道理,那么,这个问题,也就根本就不成其为问题了,怎么还不明白呢,道理很简单嘛,不就是吃少了不行,一个烧饼,两个烧饼都不解饱,只有吃了两个半烧饼的时候,才能由量变引起质的变化,吃饱了,质的变化也就随之完成了。

逐梦箴言

看似孙悟空和乐谱还有烧饼与我们武者毫不相干,可是无论是成佛或成为音乐家或是饱腹,不同样像每个武者对于武术大师的向往吗?我们前行的每一步都是过去无数努力的堆积,看似寒来暑往、通宵达旦,都造就了你日后登顶的诸般能力。

恍然大悟时,你也许已经会当凌绝顶了,人,确实有无限的潜力!有了这层体悟与认知,会让我们更欣然乐意去面对武技上的任何挑战。

知识链接

枪为百兵之王,又为百兵之贼

这话说出了枪的厉害。枪之所以称王、称贼,是因为它在实战中威力强,攻防速度快,富于变化,往往使人防不胜防。五

代王敬荛,能使三十斤铁枪;唐尉迟敬德,善用丈八枪,宋赵立善用双枪,杨妙贞创梨花枪,"二十年天下无敌手";岳飞"持丈八枪刺杀黑风大王"。近代神枪吴钟、神枪李书文等等都以使枪而闻名。

■ 屡败屡战

1854年初,曾国藩带领精锐一万人,加上长夫等大概一万七千人,会师湘潭;他撰《讨粤匪檄》,檄文声讨太平天国,誓师出战,向西征的太平军进攻。初败于岳州、靖港,他愤不欲生,第一次投水自杀,被左右救起。写下《靖港败溃自请治罪折》,相当于遗嘱,但是没有发出,后在湘潭获胜,转入反攻,连陷岳州、武汉。继之三路东进,突破田家镇防线,兵锋直逼九江、湖口。后水师冒进,轻捷战船突入鄱阳湖,为太平军阻隔,在长江湘军水师连遭挫败,曾国藩率残部退至九江以西的官牌夹,其座船被太平军围困。曾国藩第二次投水自杀,被随从捞起,只得退守南昌。其间,他上奏谢宽免处分恩折时有"屡战屡败"的话,幕僚周中华建议改为"屡败屡战"。曾国藩一见为之大喜,以后就以屡败屡战为勉励自己的座右铭。

这就如同弈棋一般,关键一步,满盘皆活。有了"屡败屡战"这一主旨,曾国藩运笔如飞,旋即将一份奏折拟好。

在奏折中,曾国藩详尽叙述了他如何在叛匪大军进逼下,独立支撑,屡败屡战,最后把握战机,果断进攻,终于在湘潭大败敌军。由此一来,靖港之败只不过成了"屡败"之中的一次小败,而湘潭大捷则变成为曾国藩苦心经营的结果。

自太平军造反作乱至今,朝廷军队吃的败仗已经数不胜数,多一个不为多,少一个也算不了什么,但是类似湘潭大捷这样的胜仗,确实凤毛麟角,少而又少,对于此时颓废的形势,无异于一支"强心针",有振聋发聩之功效!未曾花费朝廷的粮饷,而能有这样一支精兵,自然要当成"典型"来宣

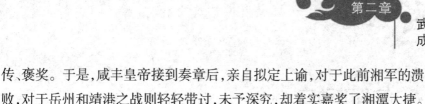

传、褒奖。于是，咸丰皇帝接到奏章后，亲自拟定上谕，对于此前湘军的溃败，对于岳州和靖港之战则轻轻带过，未予深究，却着实嘉奖了湘潭大捷。与此同时授权曾国藩，可以视军务之需，调遣湖南境内巡抚以下所有官员，可单线奏事、举荐弹劾！

这一来，惨败了数次，最后还差点自杀的曾国藩，不但在与太平军的战争上打了一个大胜仗，更在湖南官场全面翻身，笑到了最后！

此后，曾国藩用兵更加稳慎，战前深谋远虑，谋定后动，最终平定了太平天国运动。

曾国藩从一个文臣从协办团练起家，不官不绅，其间用重典，背负"曾剃头"的骂名，屡被正规军排挤打压，终于排除万难，建立了第一支有战斗力的湘军，扫平太平军建立不世功勋，被蒋介石、毛泽东赞赏有加，他的思想、意志影响了几十代人！而这一切的开始都应归功于屡败屡战这句话了。

逐梦箴言

屡败屡战是挫折中的执着，不气馁，是希望，是勇气。是战胜一切困难的坚持。没有哪个练武者是即刻功成的，挫折的产生，是促使你向更高目标迈进的考验，当失败来了，别怕，其实成功不远了。

知识链接

刀为百兵之帅

刀是我国最早出现的兵器之一，也是最普遍使用的兵器之一。大刀可马战，腰刀可步战，朴刀双手执则可马步战，较枪又灵活得多。刀法讲究劈、砍、拦、扎、抹，又较枪法简单，易为学者掌握。所以，历代战将、士兵中以使刀者居多。关羽就善用八十二斤青龙刀。

■ 怎么敲动它

武术大师即将退隐江湖,应江湖各界的盛情,他将为武学后辈作一场演讲。

那天,会场座无虚席,人们在热切地、焦急地等待着。当大幕徐徐拉开,舞台的正中央吊着一个巨大的铁球。为了这个铁球,台上搭起了高大的铁架。

一位老者在人们热烈的掌声中走了出来,站在铁架的一边。他穿着一件红色的运动服,脚下是一双白色胶鞋。人们惊奇地望着他,不知道他要做出什么举动。

这时两位工作人员,抬着一个大铁锤,放在老者的面前。主持人对观众讲:请两位身体强壮的人到台上来。转眼间已有两名动作快的跑到台上。老人这时开口和他们讲规则,请他们用这个大铁锤,去敲打那个吊着的铁球,直到把它荡起来。一个年轻人抢着拿起铁锤,拉开架势,抡起大锤,全力向那吊着的铁球砸去,一声震耳的响声,那吊球动也没动。他就用大铁锤接二连三地砸向铁球,很快就气喘吁吁。另一个人也不甘示弱,接过大铁锤把铁球打得叮当响,可是铁球仍旧一动不动。台下逐渐没了呐喊声,观众好像认定那是没用的,就等着老人作出解释。

会场恢复了平静,老人从上衣口袋里掏出一个小锤,然后认真地,面对着那个巨大的铁球。他用小锤对着铁球"咚"敲了一下,然后停顿一下,再一次用小锤"咚"敲了一下。人们奇怪地看着,老人就那样"咚"敲一下,然后停顿一下,就这样持续不停。十分钟过去了,二十分钟过去了,会场早已开始骚动,有的人干脆叫骂起来,人们用各种声音和动作发泄着他们的不满。老人仍然用小锤不停地敲着,他好像根本没有听见人们在喊叫什么。有人开始愤然离去,会场上出现了大块大块的空缺。留下来的人们好像也喊累了,会场渐渐地安静下来。

　　大概在老人敲到四十分钟的时候，坐在前面的一个少年突然叫了一声："球动了！"刹那间会场立即鸦雀无声，人们聚精会神地看着那个铁球。那球以很小的幅度摆动了起来，不仔细看很难察觉。老人仍旧一小锤一小锤地敲着，人们都看到了那被小锤敲打的铁球动了起来。铁球在老人一锤一锤的敲打中越荡越高，它拉动着那个铁架子"咣、咣"作响，它的巨大威力强烈地震撼着在场的每一个人。终于场上爆发出一阵阵热烈的掌声。在掌声中，老人转过身来，慢慢地把那把小锤揣进兜里。

　　老人开口讲话了，他只说了一句话：在武学之路上，你没有耐心去坚持到成功的到来，那么，你只好用一生的耐心去面对失败。

逐梦箴言

　　武技的修炼都要经历太多的挫折坎坷，都要日复一日的重复一项项单调的、枯燥乏味的事。如果没有耐心做下去，没有持之以恒的精神，那么你就只能面对失败。绳锯木断，水滴石穿。不论做什么事，只有有耐心坚持下去，才一定能够成功。

知识链接

剑为百兵之秀

　　剑也是我国最早出现的兵器之一，在频繁的战争中，剑逐渐被其他兵器所代替。后来，剑术形成两种风格，一种是长穗剑，称文剑，练起来剑走龙蛇，潇洒飘逸，美不胜收。一种短穗剑，称武剑。其步伐灵活，招法多变，动作迅猛，是实用的一种剑法。然而，不论是长穗剑还是短穗剑，都不象刀法那样凶猛外在，而总是伴有一种儒雅之风，特别是它与琴、棋、书并称为文人四宝之后，称之为"百兵之秀"，当之无愧。

我的未来不是梦

■ 流水和蜗牛

　　一个看起来资质并不优秀的埃及武师在尼罗河边、金字塔旁每日不辍地习练武技,来这里参观的很多人都注意到他,不时也有同是习武之人问道:"这日复一日的修炼,以你的资质确定可以达成所愿吗?"

　　这位埃及武师笑笑答道:"每天我看着尼罗河涨浮起落,却依旧绵延不息,奔腾入海,再望向金字塔,发现这世界上只有两种动物能到达金字塔顶。一种是老鹰,还有一种,就是蜗牛。"

逐梦箴言

　　在艰难向上、向前的过程中,有无数难言的坎坷,一个又一个磨难与困境共同铸就这个万花筒般的世界,可这些对于最后的登顶来说,都是浮云,对于入海的河流来说都是过程。我们的成功也由此而成!

■ 用心才好

　　然而只是一直把习武的困境当作磨练,不止不休的努力就成了吗?

　　一位老武师把徒弟们带到一堆刚灌满开水的开水瓶面前,让他们区分哪个是保温的,哪个是不保温的,其实这很简单不是吗?

　　一个徒弟说:"只需用手摸一下它们的外壳,如果是烫手的则是不保温的,而不烫手的才是真正保温的。"

老武师微笑地说:"其实你每天的练习不是时间不够,而是缺一点东西,表面上看你是把功夫都用到了,可是你们的内心呢,时间的累加并不能给你的梦想加分,你需要的是真正的心劲,对自己的心性的不竭砥砺。"

逐梦箴言

我们最难战胜的就是自己的内心,你可以日复一日地重复那个套路和这个动作,但是归根结底,这些都是表面的东西,只能让你超越平凡的庸者,却始终难以成为会当凌绝顶的强者。你必须时刻关注自己内心,让它强壮起来,懂得坚持,更懂得专注之道。

■ 站起来的次数

一位父亲很为他的儿子苦恼,都已经16岁了,却一点男子汉的气概都没有。毫无办法之际,他去拜访一位拳师,请求这位武术大师帮助他训练他的儿子,重塑男子汉的气概。

拳师说:"把你的孩子留在我这里半年,这半年里你不要见他。半年后,我一定把你的孩子训练成一个真正的男子汉!"半年后,男孩的父亲来接男孩,拳师安排了一场拳击比赛来向这位父亲展示这半年来的训练成果,被安排与男孩对打的是一名拳击教练。教练一出手,这男孩便应声倒地。但是,男孩才刚刚倒地便立即站起来接受挑战。倒下去又站起来……如此来来回回总共二十多次。

拳师问父亲:"你觉得你孩子的表现够不够男子汉的气概?"

"我简直无地自容了,想不到我送他来这里训练半年多,我所看到的结果还是这么不经打,被人一打就倒。"父亲伤心地回答。拳师意味深长地说:

"我很遗憾,因为你只看到了表面的胜负,但你有没有看到你儿子倒下去又立刻站起来的勇气和毅力呢? 那才是真正的男子汉气概! "

逐梦箴言

人可以被打败,但是被打败后能够立刻站起来,就是一种自我的超越和精神的升华。面对失败的重创,可以坦然待之,厚积力量重新开始。这样的人即使一时被打倒,也永远不会被打败。因为只要你站起来的次数比倒下去的次数多上哪怕一次,那就是成功。

■ 让优秀成为一种习惯

罗马智者亚里士多德曾经说过: "我们每一个人都是由自己一再重复的行为所铸造的。因而优秀不是一种行为,而是一种习惯。" "优秀"不是用来描述人们行为而是用来描述人们习惯的词。

每个人都知道在伊索的"兔子和乌龟"的寓言中,兔子天生脚快,其奔跑的速度远胜于乌龟,然而,它跑了没多久,却躺在路边睡起大觉来了。平心而论,兔子在奔跑这一行为上不可谓不优秀,但它最终还是成了乌龟的手下败将。乌龟究竟拥有什么取胜的法宝呢? 伊索的描述是"一往直前,毫不停歇",如果我们把它概括得更抽象一点,即乌龟拥有坚韧不拔的优秀品质,而坚韧不拔的优秀品质在具体的行为过程中自然而然地外化成一往直前的优秀习惯。这个故事告诉我们:一两个哪怕是顶尖的优秀行为终究敌不过优秀的行为习惯。一两个优秀的行为可能是孤立的、偶然的,缺乏后继性的,而优秀的行为习惯才是优秀行为层出不穷的制度性保证,它甚

至有可能使一系列指向明确的平凡的行为产生不平凡的整体效应。

逐梦箴言

从某种意义上说,世界上不存在优秀的行为,习惯优秀才是真正的优秀。要臻于佳境,一个人需要优秀的习惯,一个武者更需要这种习惯,这是武术师修炼的密钥,无可替代。

■ 路曲心直

一位少林武僧最近总是心神不宁,觉得困难重重,感觉没了最初进寺学武的从容和热情,师傅看到带他进禅房,拿起一部《瑜伽师地论》,说道:

"在一座寺中有一个小和尚,每天清晨,他要去担水、洒扫,做过早课后要去寺后很远的市镇上购买寺中一天所需的日常用品。晚上还要读经到深夜。

"有一天,他发现,虽然别的小和尚偶尔也会被分派下山购物,但他们去的是山前的市镇,路途平坦距离也近。于是,小和尚问方丈:'为什么别人都比我自在呢?没有人强迫他们干活读经,而我却要干个不停呢?'方丈只是微笑不语。

"第二天中午,当小和尚扛着一袋小米从后山走来时,方丈把他带到寺的前门。日已偏西,前面山路上出现了几个小和尚的身影,方丈问那几个小和尚:'我一大早让你们去买盐,路这么近,又这么平坦,怎么回来得这么晚呢?'

"几个小和尚说:'方丈,我们说说笑笑,看看风景,就到这个时候了。

十年了,每天都是这样的啊!'

"方丈又问身旁侍立的小和尚:'寺后的市镇那么远,你又扛了那么重的东西,为什么回来得还要早些呢?'

小和尚说:'我每天在路上都想着早去早回,由于肩上的东西重,我才更小心去走,所以反而走得稳、走得快。十年了,我已养成了习惯,心里只有目标,没有道路了!'方丈闻言大笑,说:'道路平坦了,心反而不在目标上了。只有在坎坷的路上行走,才能磨炼一个人的心志啊!'"

师傅言罢,武僧也沉吟良久。

师傅问道:"你知道这位小和尚是谁吗?"

徒弟摇首不知。

师傅道:"他就是为我中土佛门自那烂陀寺带回这部《瑜伽师地论》的玄奘法师。"

在西去取经的途中,虽艰险重重,他的心却一直闪耀着执著之光。

逐梦箴言

学武没有终南捷径,不可半途而废,而我们更为看重是为了达成所愿的始终如一。

知识链接

棍为百兵之首

棍是最原始的兵器,一个不会武术的人在自卫防身中,往往会随心所欲地使用棍子,棍子作为兵器真是太普遍了,故称之为百兵之首。明将俞大猷的棍术著作《剑经》,程宗猷的《少林棍法阐宗》是研究棍法的经典。

智慧心语

性痴,则其志凝。故书痴者文必工,艺痴者技必良。世之落拓而无成者,皆自谓不痴者也。

——蒲松龄

合抱之木,生于毫末;九层之台,起于累土。

——《老子》

石以砥焉 化钝为利。

——刘禹锡

故天将降大任于是人也,必先苦其心志,劳其筋骨,饿其体肤,空乏其身,行拂乱其所为,所以动心忍性,增益其所不能。

——《孟子》

播下一个行动,收获一种习惯;播下一种习惯,收获一种性格;播下一种性格,收获一种命运。

——威廉·詹姆斯

积土成山,风雨兴焉;积水成渊,蛟龙生焉。不积跬步,无以至千里;不积小流,无以成江海。

——《荀子》

我的未来不是梦

不耻最后。即使慢,驰而不息,纵会落后,纵会失败,但一定可以达到他所向往的目标。

——鲁迅

忍耐和坚持虽是痛苦的事情,但却能渐渐地为你带来好处。

——奥维德

不经一翻彻骨寒,怎得梅花扑鼻香。

——宋帆

为学犹掘井,井愈深土愈难出,若不决心到底,岂得见泉源乎?

——张九功

伟大变为可笑只有一步,但再走一步,可笑又会变为伟大。

——佩思

第三章

武术师是怎样练成的
之仁者无敌

◇导读◇

　　金庸先生的一部中篇小说《鸳鸯刀》中写道,武林人争相夺取的至宝鸳鸯刀上有无敌于天下的秘密,在最后谜团解开,所谓无敌于天下的秘密就是——仁者无敌。倘若武术师武技的高强是践行"天行健,君子以自强不息",那么武德之仁,就是讲求"地势坤,君子以厚德载物"。

何为武道仁者

　　自古迄今,从海的这岸到那岸,在时间和空间的所有坐标里,习武之人不胜枚举,究其习武之目的所为何事,怕是大多以好勇斗狠为主,有几人能真正理解武术,武术在其眼中不过就是炫耀卖弄、恃强凌弱的本领! 那我们不禁要问,武术因什么而存在,如此这般又何时会消失? 在冷兵器时代,武术是强身强族之道,是生存之道,但是在如今迷漫着硝烟的热兵器时代呢? 真正强大的武者又是如何以武道践行其人生,从而做到无敌于天下呢?

　　孔子曾经说过:夫仁者,己欲立而立人,己欲达而达人。己所不欲,勿施于人。能行五者于天下,为仁矣,五者为恭、宽、信、敏、惠。

　　仁者总是乐于助人,成就他人。其实一个人向外施爱的过程也是一个自我完善、自我实现和自我超越的过程。所以,武术师中的仁者一定是大勇者。一个具备了"泛爱"的人必有别人所不具备的坚毅和淡定,从而无所畏惧,乐观、豁达与自信。他们在武道的修习中已臻于至境,从而返璞归真。

　　电影《叶问》中金山找和叶问对决。最后,一个拿着大钢刀还没砍到,另一个却拿着鸡毛掸子戳在对方穴位上了。

　　还有叶问和一群日本兵对打。当时他目睹了失信的日本副官枪杀了认输的廖师傅,内心的愤懑无处发泄,一者替廖师傅、替武林雪耻,更为发泄多日来对日寇的愤恨,他以一当十,把那群鬼子打得来不及喊娘就满地找牙了。当第十个鬼子被他打倒后,他拳头紧握,他不是不能接着打,不是

打不了了，而是不能打，已经言明了打十人，而且切磋武艺本该点到为止。日本鬼子做不到，但他得做到！

"武术，虽然是一种武装的力量，但是我们中国武术是包含了儒家的哲理——武德，也就是仁，推己及人。这是你们日本人永远不会懂得的道理，因为你们滥用武力，将武力变成暴力，去欺压别人。你们不配学我们中国武术！"

这是电影中叶问最后的台词，道出了身为武者的道德准则，也言明了叶问在佛山打遍天下无敌手的原因。而叶问的对手们，他们放弃德的同时，也放弃真正取胜的奥秘，即"仁者无敌"。

逐梦箴言

一个伟大的人有两颗心：一颗心流血，一颗心宽容。

——（黎巴嫩）纪伯伦

知识链接

月棍、年刀、一辈子枪、宝剑随身藏

也作年刀、月棍、久练的枪，这条谚语说明各种兵器掌握时的难易程度是不同的。以刀、枪、剑、棍四种而论，枪是最难掌握的。仅仅是搬、扣、扎这三个动作，不下苦功就很难做得正确。枪法之多是其他兵器技术无法比的，而各家枪法又各有许多深奥之处。相对来讲，棍法便较容易掌握，而棍是诸兵器之基础，可说包罗万艺。刀、剑之类则介于枪棍之间。刀是一面刃，剑是两面刃，两者比较，掌握剑术又比刀术难。

■ 仁者风范

现代著名的武侠小说家金庸先生曾写过一句话，"何者为侠？为国为民，侠之大者"，这句话精妙地道出了中国传统的武侠精神。

国人推崇黄飞鸿，至今仍对他缅怀不已，绝不仅仅是因其武艺超群。技艺过人的武者自古便有，而能在中国历史的漫漫行程中留下足迹的人却寥寥无几，黄飞鸿作为中华武学的象征留芳至今，最要紧的，是他当得起这个"侠"字，正如金庸先生所写，黄飞鸿在乱世中的作为，不论为国还是为民，都堪称典范。

且看"为国"一面。

黄飞鸿扬名香江，是从对抗洋人加诸国人的屈辱开始。1867年，一位洋人携如牛犊大的狼狗在香港设擂向华人邀斗。

在那个年代，一个普通的洋人可以张狂到用一只狼狗向堂堂的中国人进行挑战，而这个时候，黄飞鸿站了出来，半空中一个漂亮的转身，一脚踢起，恶犬当场毙命，这一脚踢出了巍巍中华的尊严。

此后，黄飞鸿便为人熟知，得到了黑旗军将领刘永福的赏识，公元1888年，黄飞鸿被刘永福聘为军医官和福字军将领。

刘永福亦是中国近代史上少数铁骨铮铮的热血男儿之一。他一手创立的"黑旗军"，打赢了清代屈指可数的几场抗敌斗争。

中法战争时，他与冯子材联手，取得了临洮大捷，以成功抗击法国侵略而扬名中外。甲午战争中，他誓死保卫台湾，抗击日寇，在外无救援，内缺粮饷的极其困难局面下，坚持4个多月的浴血奋战，英勇地抗击了日军两个近代化师团和一个海军舰队的进攻，沉重地打击了侵略者。1915年，在他八十岁高龄的时候，日本向袁世凯提出灭亡中国的二十一条，对比袁世凯居然连眼皮都不眨的欣然接受的卖国行为，刘永福愿以老朽之躯重上战场的义愤填膺显得那么可贵，可贵得让人心酸而感动。

刘永福在 1894 年毅然前往台湾,抗击日本侵略者,而黄飞鸿则义无反顾地追随,他率九营福字军驻守台南,哪怕付出生命的代价亦在所不惜。

这是一场必然失败的战争,政府不予支持,敌人强大有力,他们唯一能倚靠的,只有台湾人民,而这里的人民孱弱而清贫,然而他们依然坚持到了最后,"知其不可为而为之",他们共同为儒家传统与侠士精神里的"救世"作了精彩的注解。

刘永福护台失利后,黄飞鸿黯然回了广州,从此,他仅行医不授武,他在"宝芝林"前挂榜,"武艺功夫,难以传授;千金不传,求师莫问"。

再看黄飞鸿"为民"的一面。

1868 年香港水坑口小贩彭玉的摊档被一恶棍强占,小贩也被打伤,黄飞鸿路见不平相助,对方同伙数十人持械围攻他,却被黄飞鸿击败。

1869 年,他在佛山平政桥斗蟀场担任"护草"(现场保镖)时,黄飞鸿严惩歹徒,在佛山名噪一时。

1912 年 鱼栏伙记马如灿,即是影视剧中提及的"卖鱼灿"遭歹徒勒索被殴,黄飞鸿见义勇为严惩歹徒,"义救卖鱼灿"一事在羊城广为传颂。

……

这样的事迹,在黄飞鸿的一生当中定是数不胜数,他自己一定不以为然,而被他救助过的百姓却因此脱离苦海。

也许有人会说,这不过是小道,"路见不平,拔刀相助",许多习武之人都会去做。这话或者不假,但黄飞鸿开办"宝芝林",悬壶济世,治病救人,对贫穷患者不取分文或只象征性收取少数费用,他行医数十年,手下救活的贫穷百姓不计其数,这便早已不是寻常武人所能比拟了。

逐梦箴言

孟子说过:爱人者,人恒爱之;敬人者,人恒敬之。

枪扎一条线,棍打一大片

或作纵枪横棍。这条谚语强调了枪、棍技击特点的差异。枪有尖,杀伤敌人靠的是枪尖刺扎。棍无尖,杀伤敌人靠的是棍端抽打。枪扎是直线,棍打是横片,故有此谚。然而,棍端装尖即为枪,枪若去尖即为棍,为此,枪法棍法便有许多交融之处。不少枪法中含有抽、打、劈、砸的动作;而不少棍法中含有戳、挑、撩、滑的动作,二者则是相互取长补短。

不教也是仁

曹一拳是清代武术家,福建人,字竹斋,其名已不可考。

曹一拳练武却不卖艺,几乎一生默默无闻,到老年穷困潦倒,在扬州街头靠算卦谋生。孰知人不可貌相,地痞无赖横行霸道无人敢惹,却被他一拳一个打倒,人们才知道曹老头子武术了得。江淮一带自恃孔武有力的练武人慕名找他比武,都禁不住他一拳,从此"曹一拳"的声名就传开了。

曹一拳出名后,许多好武少年带着重金找上门来,希望能拜他为师,学到他一拳制敌的绝技,曹一拳却一个也不教。许多人觉得很奇怪:为啥曹一拳身怀绝技,却放着名利双收的好买卖不做,非要在街上摆个连棺材本都挣不够的小地摊? 有人问他,曹一拳说出了其中道理:

"这些人都是恃强凌弱、不务正业的无赖,难道我要教他们武术来助纣为虐吗? 或者他们学去,逞凶斗狠,总想与人较量,我教了他们,不是害了他们的性命?

"武术是使拳弄棒的艺术, 是古代先人舞蹈艺术的遗存。道德高尚的君子学习了,可以调理血脉、保养寿命,它的皮毛才是抵御别人欺负的技术。

武术御敌威力惊人，练武人使用武术，一定要在别人欺负自己而自己不得已抵御的时候才能战无不胜；如果练武人光想着用武术来欺负别人，别人反而正好用武术来抵御你，这是自取失败的做法。无赖之徒在杀气腾腾，冲上来盛气凌人的时候，他的气都浮在上面，立脚都是虚的，我因势利导稍稍出手，他自己就被自己的冲力带倒了。

"人一身只有两个拳头，拳头大小只有几寸，怎么能卫护得到五尺之躯、抵挡得到四面之敌呢？我只管练武术气功，养我的正气，使自己能够运气围绕周身。当敌人的手足靠近我身体的时候，我的拳自动就挡在他所靠近的地方。欺负我的无赖，他的气势汹汹却虚浮无根，用武术防御的我，我的气安静内敛却充实稳固，两者一相接，自然倒下的不是我而是他。

"所以精通武术气功的人有两个特征：一个是精神贯注，表现为腹背又干又滑如同坚韧的腊肉；一个是气体健举，表现为前额脸面饱满光泽，如同粉雕玉琢。这种人周天血脉流行，凡事顺其自然，内在充实，外表和平，别人冒犯他也不予计较。"

逐梦箴言

身有正气，仁驻心中，在众人皆醉，你便保有一份仁慈的清醒。也在芸芸众生间，有了自己无可撼动的立锥之地。

知识链接

打人千万，不如一扎

这句话是说少林棍法中只有三分是棍法，七分是枪法，所以少林棍为棍法之上乘。其实谚语主要是讲枪的威力大于棍。以棍打人，除了头部，身体其他部位被打仅能伤及皮肉。而以棍扎人，虽无尖，却能伤及内脏。所以，许多优秀棍法均将枪法融入其中，为的是增大杀伤力。

■ 李小龙的"心仁"

李小龙和对手交手，总是点到为止，决不赶尽杀绝，致人死伤，赛后切磋时他总是能毫无保留地将自己的绝招教给对方。

在和山本冈夫切磋武艺时，李小龙毫无保留地把自己的绝活教给山本，山本却只是敷衍李小龙，山本又偷偷将李小龙的绝活教给了艾迪·帕克，致使艾迪·帕克在后来与李小龙的比试中将他打伤住院，李小龙的"仁"最终使两人非常懊悔、自惭形秽，艾迪·帕克更是把自己二十多年研习空手道的体会送给了李小龙。

正是这种"仁"让山本冈夫、威利、艾迪·帕克、霍夫曼、劳力士等一批武术大师与他结成了知心朋友。是的，当聪明人遇到善良人时，善良人总是更胜人一筹，

逐梦箴言

天下之至仁者，能合天下之至亲也。

■ 比武以仁

　　蔡桂勤先生武功卓越，好些人和他比武，都败在他的手下。可是他从不伤害人家，除非是强徒恶霸之辈。有一年元宵节，苏州玄妙观前扎下了一座以武会友的擂台。台主是九江人徐鹤年，年龄三十开外，精通南路拳法，善点穴道，人称"毒龙手"。

　　擂台摆了三天，还没有人赢他。

　　第三天，徐鹤年口出狂言，说什么"诺大个苏州城，南来北往的镖师、教头不少，可都是一些傻把式，没有一个够得上我的手的。"这话一出，台下哗然，蔡桂勤无法再忍，一跃身上了擂台，双手抱拳说："山东蔡桂勤，愿请老师赐教。"徐鹤年一见上来的人五短身材，精瘦如猴，年纪又轻，哪放在眼里，随即两人请礼，拉开架式打斗起来。

　　几个照面之后，徐鹤年左手一晃，右手"毒龙出洞"直取蔡桂勤乳下穴位。蔡桂勤先生将身向右偏闪，用左手搪住对方右腕，顺势一转身，右手插向对方右膝外侧；头一摆，腰一拧，右手一别，左手一扯，用了个"抱虎归山"把徐鹤年摔出，就在徐鹤年将要倒地之际，蔡桂勤急忙右手向上一翻，在对方的右腋下将其抄起，使徐鹤年没有跌到，按说徐鹤年应该认输了，但是碍于脸面，强说未曾倒地，并不认输。

　　两人重新再斗，蔡桂勤起右腿用华拳"迎面三腿"的第一腿"摆柳"向对方头部踢去，徐鹤年蹲身躲过；蔡桂勤的第二腿"提柳"紧接着又到，直向对方裆腹踢去，徐鹤年不愧是江西武林巨子，一侧身又躲过了这第二腿，并且在侧身的同时，右脚进步，右手叉开中、食二指，"双龙抢珠"插向蔡桂勤的双目，蔡桂勤见对方发招如此快速，赶紧将右脚落下不便再发第三腿，缩身让对方的戟手从头顶上方伸过；右手向上擒住了对方肘臂，左腿在下，左臂穿入对方裆里，随即左肩一扛、右手一扯、身向上起，使了个"樵夫担柴"把徐鹤年扛了起来，转身到了台口把徐鹤年向台外抛了出去。徐鹤年在空中旋了两旋,朝台前空地跌将下来。

就在这一眨眼的功夫,蔡桂勤脑海里闪了一个念头:武以防身,岂能伤人。于是,两脚一蹬,"鱼跃龙门"向台前凌空扑去,就向排球运动中鱼跃救球似地用双手将即要摔落在地的徐鹤年托起,让他能用双脚站住;而自己双手着地用"虎扑"势站了起来。

蔡桂勤的这一举动,使徐鹤年深受感动,后与蔡桂勤结为忘年之交。

本是一场比武较量,却因为蔡桂勤的仁义举动,使得二人成为好友。

逐梦箴言

仁是一种力量,让对手甘心情愿地佩服你,化干戈为玉帛。

知识链接

枪怕摇头棍怕点

遇见使枪的,要警惕枪摇头,遇见使棍的,需提防棍点头。摇头,是指枪尖被抖成一个圆圈。枪若发挥威力,需将搬、扣、刺三动作一气呵成。三动作迅捷完成,枪尖便被抖成一个圆圈,枪法云:圈为枪法之母,圈抖得快、圆、小、生风,枪便扎得有力、突然,令人防不胜防。摇头,还指枪要运用抽打的招术。抽打之前,枪头必做摇摆动作。枪法中突用抽打的棍法,易使对方上当。棍,虽重使两端,但一旦揉进枪法,则威力倍增。棍若点头,其意在以棍当枪使了,无论是扎、挑、抽、劈,此时皆可灵活运用。若不提防,仍以其为棍,为祸便不远了。

我的未来不是梦

■ 大勇为仁

有一个很胆小的人,他从小就什么事也不敢做,因此同学们都嘲笑他。父母也为他的胆小发愁,为了使他得到锻炼鼓起勇气,就让他参军了。在部队里他依旧胆小,还常常被战友嘲笑。后来他考了军校,可是在军校里他还是一样胆小,同学们不仅嘲笑他,还经常出他的洋相,甚至连教官也看不起他。

一次学校组织学生们扔手雷实弹训练,一个同学为了要让他出丑,拿了一个仿真的手雷,并偷偷地告诉了大家。开始训练了,那个同学"不小心"将仿真的手雷扔到了同学中间,他装作紧张地大叫"小心",其他同学知道真相,也就跟着一起演戏,做出惊慌的样子。那位胆小的同学也很惊慌,他并不知道大家都想看他出丑,但让人没想到是他扑向了手雷,将它压在了身下。同学们震惊了,都呆立在那里,不是为那假手雷,而是为了他的举动。

时间过了许久,当意识到又是同学们的恶作剧时,他满脸通红地爬了起来,不好意思看大家。这时所有的同学和教官都为他热烈地鼓起掌来。他的一生由此发生改变,他成了周围人心中真正的英雄。许多年后,他的战友对于此事都不能忘怀,他也由此在战友之中享有极高的声誉,他的人生也开始了全然不同的篇章,相信必然是辉煌而壮丽的。

逐梦箴言

人们对于勇气的理解一直存在误区,其实人们平日说的胆大、敢作敢为等好多行为并不具有真正的勇气,那往往只不过

是匹夫之勇。真的勇气是在关键时候表现出来的冷静、智慧和大无畏的挑战精神、牺牲精神。仁者爱人,大勇为仁。

■ 人在屋檐下

在一处古村游览风景区,一帮游客正在兴致盎然地参观清代江南某五品官遗下的豪宅。古宅形体庞大、精巧别致,给人极大的新鲜感。站在古宅前,游客们心里都纳闷:这宅子的屋檐也真怪,怎么做成了一个小巧的屋子? 导游小姐站在屋檐前,指着屋檐下那间小巧的屋子问道:"大家知道这间小屋子是干什么用的吗?"

有人说:"放鞋子的。人进屋后,把鞋子脱了搁在这里。"

有人说:"训小孩用的。家里小孩犯错了就把他关在这里,闭门思过。"

有人说:"雨天进门,把伞放在这。"

导游小姐抿嘴一笑,摇摇头。她告诉大家:"那是供路过此地的流浪汉遮风挡雨,歇脚过夜的。"

逐梦箴言

武者必不可少的心性中要有悲悯和仁慈,那高官会为流浪汉做一个能挡风雨隔黑暗的屋檐,在他心灵里,也给社会上的弱者留一个充盈同情与关爱的屋檐。

屋檐下藏着对他人的关爱,对弱者的帮扶。人活于世,谁没有一个难处,谁能保证自己不需要他人的帮扶?

有能力做屋檐的武者,试着让自己心怀天下,悲悯苍生吧!

我的未来不是梦

智慧心语

夫武,禁暴、戢兵、保大、定功、安民、和众、丰财者也。

——《左传·宣公十二年》

彼陷溺其民,王往而征之,夫谁与王敌? 故曰:"仁者无敌。"

——《孟子·梁惠王上》

未曾学艺先学礼,未曾习武先习德。

——武术界传统

武德,吾德。

——吉林大学武协协训

不杀人,以不被杀为胜。

——柳生石舟斋

第四章

江湖如何任我行
之自我修行

○导读○

　　有书云:赵客缦胡缨,吴钩霜雪明。银鞍照白马,飒沓如流星……三杯吐然诺,五岳倒为轻……纵死侠骨香,不惭世上英。谁能书阁下,晨报侠客行! 在你成为一位合格武者之后,你将踏身江湖,从此风波相随,烟雨为伴。记得一个电影的台词说:有人的地方就有江湖,我们怎么退出江湖? 所以只有走进没走出的。也许你人在江湖,身不由己,但江湖是我们安身立命的所在。作为武者,你必须依照江湖的规矩行事,才能扬鞭绝尘走千里! 那么我们到底要做到哪些,什么才是武者幸福走江湖的准则呢?

■ 面对困境：狭路相逢勇者胜

所谓"勇者"，是指面对困境能表现出胆量和勇气，不胆怯、不畏惧的人。拜师习武没几天的李小龙就敢欣然接受师兄的挑战，最终以乱拳加偷起腿的招式将师兄踢翻在地；李小龙在明知不敌黄皮小子的情况下，竟独自跑到王家武馆找他切磋，最终狠狠教训了黄皮小子；之后，李小龙又不断向各国武术大师（如威利、山本冈夫、霍夫曼、劳力士等）挑战，并成功战胜了他们。李小龙说："我不说自己是第一，但我决不做第二。"这话反映出他的信心和霸气，他身上的这种霸气常常让对手不寒而栗。

电视剧《亮剑》中的主人公李云龙曾说过：面对强大的对手，明知不敌，也要亮出自己的宝剑。即使倒在对手的剑下也虽败犹荣。这就是亮剑精神，剑锋所指，所向披靡！

历史上有很多事例也能证明，例如，当年项羽与章邯大战于巨鹿，双方力量对比对项羽所领导的义军极为不利。项羽选择了破釜沉舟，以非凡的勇气和胆略激发了将士们的斗志，一举破秦军，传为佳话。"破釜沉舟"也就逐渐演变为中国人战胜困难、扭转颓势的决心和底气。

面对压力：勇者相逢智者胜

所谓"智者"，是指对外部世界的认知能力强以及解决问题智慧多的人，即有智慧、头脑聪明的人。李小龙以咏春拳为基础创立了截拳道。截，是守；拳，是攻击；道，是方法。截拳道就是攻守方法，截拳道就是着重研究攻守策略，以最快、最狠、最简单的方法置敌人于死地。叶问大师一再强调：

我的未来不是梦

习武在于习心,要"剪枝蔓,立主干",咏春拳是近身攻击的实战拳术,要博取众长,为我所用。

李小龙牢记师傅的教导,在和各路高手交手后,他总是虚心地向对方讨教,并最终将空手道、拳击、泰拳、跆拳道等精髓融入截拳道。李小龙不具备霍夫曼、劳力士等人的强壮身体,也没有达到山本冈夫等人的训练强度,但这些高手无不输给他,究其原因他还是一个"智者",勇者相逢智者胜。

一部《三国演义》就是一本勇者相逢智者胜的故事集。早期刘关张不能说不勇,也不能说不团结,但奔波多年却无立足之地,最后"三顾茅庐"请来诸葛亮,才逐步形成三国鼎立的局面。项羽虽以勇而败秦军,却最终因智输于刘邦。

逐梦箴言

孔子说过:智者不惑,仁者不忧,勇者不惧。

■ 武与弈

比武亦如对弈,总想较量高下,大家都想摸清对方路数和脉门,可是你真的掌握了对方的底牌了吗,也许你距离它还有那么一点距离,可就是这一点距离,你就可能坏了名声,仓皇出局!

对自我的肯定和对他人能力的漠视,往往不是空穴来风,自我感觉良好的人总有一些突出的特点。这些突出的特点,使他们较之别人有一种优越感。这种优越感达到一定程度，便使人目空一切，飘飘然，不知天高地厚。

曾国潘和左宗棠都是清朝的大臣，朝野一般多以"曾左"并称他们两人。曾国潘年长于左宗棠，并且对左宗棠予以提拔，但左宗棠为人颇为自大，从不把曾国潘放在眼里。

有一次，他很不满地问身旁的侍从："为何人们都称'曾左'，而不称'左曾'？"

一位侍从回答："曾公眼中常有左公，而左公眼中则无曾公。"这句话让左宗棠沉思良久。

聪明的人知道自己愚蠢，而愚蠢的人总以为自己聪明，可以说，愚蠢和傲慢是一颗树上的两个果。聪明人能自己从树上摘掉这两枚恶果。

左宗棠喜欢下棋，而且棋艺高超，少有敌手。有一次，他微服出巡，在街上看到一个老人摆棋阵，并且他的招牌上写着"天下第一棋手"。左宗棠觉得老人太过狂妄，立刻前去挑战。没有想到老人不堪一击，连连败北。左宗棠洋洋得意，命他把那块招牌拆了，不要再丢人了。

当左宗棠从新疆平乱回来，见老人居然还把牌子悬在那里，他很不高兴，又跑去和老人下棋，但是这次竟然三战三败，被打得落花流水。第二天再去，仍然惨遭败北，他很惊讶老人为何在这么短的时间内，棋艺能进步得如此之快？

老人笑着回答："你虽然微服出巡，但我一看就知道你是左公，而且即将出征，所以让你赢，好使你有信心立大功。如今你已凯旋，我就不再客气了。"

左宗棠听了心服口服。

逐梦箴言

不要因为自己是一优秀的武师就觉得了不起，应该把自己看作是一个武者，与所有人都站在一个起跑线上。在江湖中，

我的未来不是梦

最要命的就是为了面子而放弃了自己的学习和结交他人的机会。

知识链接

剑走青,刀走黑

青指"轻捷便利",交手之时,能干净利索地躲闪对手的进攻,谓之"走青";剑本身轻、短、细、薄,对付粗重兵器,难以硬挡、硬架、硬格,只可逢坚避刃,遇隙削刚,仗着身法便利、招法变换取胜。"黑",是狠毒、凶猛之意,就是说刀法要狠、要猛。刀本身面宽而背厚,交手之时,可大劈大砍,硬挡、硬架,刀锋过处,如滚瓜切菜。所以说"刀走黑"。

■ 戒骄戒躁

吴王渡过长江,攀登上一座猴山。一群猴子看见了,都惊慌地四散逃跑,躲在荆棘丛中了;唯独有一只猴子,却洋洋得意地跳来跳去,故意在吴王面前卖弄灵巧。

吴王拿起弓箭向它射去,那猴子敏捷地把飞箭接住了。吴王下令左右的侍从一齐放箭,那只猴子被射死了。

吴王回过头对他的朋友颜不疑说:"这只猴子夸耀自己的灵巧,仗恃自己的敏捷而蔑视于我,以致于这样死去了。警惕呀! 不要拿你的本领去向别人夸耀呀!"

颜不疑回去以后,就拜贤人董梧为老师,尽力克服自己的骄气,不在人前逞能显尊。若干年后,举凡知道他的人,都对他赞誉有加。

逐梦箴言

不管有多大的本领，也不可当作骄傲的本钱，谦虚谨慎，才能获得人们的敬重。某些认为自己武功高强的武者，像这只猴子一样过于夸耀自己的灵巧，仗恃自己的敏捷，在人面前表示骄傲，以致遭遇横祸，岂不是很可悲可笑吗！

■ 有时做弱者也是智慧

一堂武术课上，武馆馆主提及一个动物界的现象：海滩上蓝甲蟹分为两种，一种是较凶猛的，不知躲避危险，跟谁都敢开战；一种是温和的，不善抵抗，遇有敌人，便翻过身子，四脚朝天，任你怎么叼它、踩它，它都不动，一味装死。

经过千百年的演变，出现了一种有趣的现象，强悍凶猛的蓝甲蟹越来越少，成了濒危动物。而较弱的蓝甲蟹，反而繁衍昌盛，遍布世界许多海滩。

后经研究发现，强悍的蓝甲蟹一是因为好斗，相互残杀中首先灭绝了一半；其次是因为强悍而不知躲避，被天敌吃掉一半。而软弱的、会装死的蓝甲蟹，则因为善于保护自己，反而扩大了自身。

在澳洲，强悍的烈马命运反而短暂，一般是被杀掉吃肉；而温弱的母马，往往却能被利用，驯服后在赛场上很有可能成为一匹夺冠的快马。快马得势，反而是建立在最初的懦弱上。

我的未来不是梦

英雄谁属

逐梦箴言

其实，弱与强，在某种时候，收到的效果截然相反。弱，反而得了强势；强，反而处于弱势。知道何时需要适当示弱，才是长久之道！老子说："上善若水，水善利万物而不争，此乃谦下之德也。"他认为上善的人，就应该像水一样。水造福万物，滋养万物，却不与万物争高下，始终保持一种低姿态。低姿态使水成就了轰轰烈烈的事业。

■ 低姿态是一种智慧

你在秦始皇兵马俑博物馆，是否看到过那被称为"镇馆之宝"的跪射俑？秦兵马俑坑至今已出土清理各种陶俑 1000 多尊，除跪射俑外，皆有不同程度的损坏。需要人工修复，而这尊跪射俑是保存最完整的，唯一一尊未经人工修复的。仔细观察连衣纹、发丝都还清晰可见。

它之所以保存完好，得益于它的低姿态。首先，兵马俑坑都是地下道式土木结构建筑，当棚顶坍塌，土木俱下时，高大的立姿俑首当其冲，低姿态的跪射俑受损坏就小一些，其次它做蹲跪姿，右膝，右足，左足三个支撑点呈等腰三角形支撑着上体，重心在下增强了稳定性，与两足站力的立俑相比，不容易倾倒破碎。因此在经历两千多年的岁月风霜后它依然能够完整地呈现在我们面前。

初涉世的武者，往往个性张扬，率性而为，不会委曲求全，结果可能是处处碰壁。而涉世渐深后，就知道了轻重，分清了主次，少出风头，专心做事。当今社会，变幻莫测，错综复杂。因此在漫长的人生道路上，不得不学会低头，但学会低头并不是妄自菲薄与自卑，学会低头意味着谦虚、谨慎。

或许，在江湖中我们应该试着去学习低头，学会认输。其实这并不难，

066

只要明白,当自己摸到一把烂牌时,不要希望这一盘是赢家。只有傻子才在手气不好的时候,对自己手上的一把烂牌说,我只要努力就一定会赢;学会低头就是在陷入泥潭时,知道及时爬起来,远远地离开那个泥潭;就是上错了公交车时,及时下车,坐另外一辆车子。

确实像跪射俑一样,保持生命的低姿态,就能避开无谓的纷争、意外的伤害,更好地保护自己,从而成就自己。

逐梦箴言

老子说,当坚硬的牙齿脱落时,柔软的舌头还在。柔软胜过坚硬,无为胜有为。学会在适当的时候,保持适当的姿态,绝不是懦弱和畏缩,而是一种聪明的处世之道,是人生的大智慧、大境界。

■ 螃蟹多了跑不掉

抓螃蟹的渔民往往会携带口小肚子大的竹篓。捉到第一只螃蟹后,他们会把盖子盖严,以防止螃蟹逃走。捉到第二只螃蟹以后,渔民就不再盖盖子了。

这是为什么?原来当有两只以上的螃蟹时,每一只都争先恐后地朝出口处拥去。但是,竹篓口很窄,只能允许一只蟹通过。于是当一只螃蟹爬到篓口时,其余的螃蟹就会用那同样威猛的大钳子抓住它,最终把它拖到下层,由另一只强大的蟹踩着它往上爬。尽管篓口一直敞开着,但却没有一只螃蟹能够幸运地脱离牢笼。

我的未来不是梦

武者相争固然不必讲什么谦让,但相争的规则却不容随意践踏。如果破坏了共同遵守的相争规则,有序变成了无序,相争变成了乱争,那么在无规则的混乱状态下,每一个个体都会面对来自四面八方的不择手段的攻击,就会出现如螃蟹一样苦苦挣扎到篓口却又再度被拖回到篓底的状况。规则是约束,更是保护。

■ 扬长与避短

有一个 10 岁的美国小男孩里维,在一次车祸中失去了左臂,但是他很想学柔道。 最终,里维拜一位日本柔道大师为师,开始学习柔道。他学得不错,可是练了 3 个月,师傅只教了他一招,里维有点弄不懂了。

他终于忍不住问师傅:"我是不是应该再学学其他招术?"

师傅回答说:"不错,你的确只会一招,但你只需要会这一招就够了。"

里维并不是很明白,但他很相信师傅,于是就继续照着练了下去。

几个月后,师傅第一次带里维去参加比赛。里维自己都没有想到居然轻轻松松地赢了前两轮。第三轮稍稍有点艰难,但对手还是很快就变得有些急躁,连连进攻,里维敏捷地施展出自己的那一招,又赢了。

就这样,里维迷迷糊糊地进入了决赛。

决赛的对手比里维高大、强壮许多,也似乎更有经验。有一度里维显然有点招架不住,裁判担心里维会受伤,就叫了暂停,还打算就此终止比赛,然而师傅不答应,坚持说:"继续下去!"

比赛重新开始后,对手放松了戒备,里维立刻使出他的那招,制服了对手,由此赢了比赛,得了冠军。

回家的路上,里维和师傅一起回顾每场比赛的每一个细节,里维鼓起勇气道出了心里的疑问:"师傅,我怎么就凭一招就赢得了冠军?"

师傅答道:"有两个原因:第一,你几乎完全掌握了柔道中最难的一招;第二,就我所知,对付这一招唯一的办法是对手抓住你的左臂。"

所以,里维赢了,赢得理所应当。

长久以来的专注让里维获得胜利,他的劣势未必就是劣势,可能反而成了优势。只要懂得扬长避短就无劣势可言。如果我们只关注自己的短处,不努力改变这种不利情况,那么留给我们的只有"失败"这两个字。

逐梦箴言

江湖风波恶,我们不能总是期望于别人,上苍赐予我们的己是最好,我们只需善加利用,终会在江湖之中为自己赢得一席之地,经营自己的长处,能使你的人生增值;经营你的短处,能使你人生不贬值。

习武如饮茶

一个屡遭挫折、几经沉浮、万念俱灰的武者找到大师,要拜他为师,出家为僧。

大师端坐在禅座上倾听完年轻人的絮叨后,微睁双目对静候在一旁的小沙弥吩咐道:"生火,待茶。"

片刻后,小沙弥捧上一只烧着木炭的小土炉,并在桌上摆好茶具。大师分别在三个茶杯里放进茶叶后,往第一个杯子里冲进了冷水。等到水壶里的水开始冒气后,又在第二只杯子里冲上了温水。大师对武者说:"施主请用茶。"武者听了一愣说:"哪有用冷水和温水泡茶的?"大师微微一笑说:"施主不妨试试。"

出于礼貌,武者端起了第一杯,只见颗颗茶叶尽浮于水面。他吹开茶叶勉强地啜了一小口后又端起第二杯,只见颗颗茶叶仍是浮于水面,只是汤色有少许变黄,他又啜了一小口。大师问:"施主,老纳的茶如何?"武者摇了摇头说:"不好,寡淡,无半缕茶香亦无半点茶味。"大师说:"这可是福建名茶铁观音呀,为何说它不好?"年轻人说:"茶是好茶,泡法不当。""哦?那烦请施主为老衲泡上一杯如何?"武者点头应允。

当壶口冒出大气,水面翻起蟹眼大的水泡时,武者提起水壶往第三个杯子里冲水,然后又将杯中之水倒掉。大师说:"这么好的第一泡茶,施主把它倒掉岂不可惜了?"年轻人回答:"这叫洗茶,不将茶叶上的灰尘、杂物洗去会影响茶香和茶味。"

武者说完提起水壶离杯一尺多高,慢慢地往杯子里冲了小半杯水,片刻后武者又如法冲了第二冲,第三冲,当冲到第三冲时,随着杯口缓缓升起的阵阵白气,已能闻到茶的淡淡清香。大师说:"已有茶香味了,可以饮了吧?"武者说:"还要如此冲两次方可饮得!"大师问:"为何要这么麻烦冲五次呢?一次冲满岂不省事?"

武者说:"一次冲好虽省事,但冲好水后茶叶仍会轻轻地浮于水面,不仅透不出茶叶的清香,而且泡出来的茶汁也不均匀。必须经过多次冲沏,茶叶沉了又浮,浮了又沉,经过多次沉沉浮浮,茶叶才能释放出它那春的清幽,夏的炽烈,秋的醇厚,冬的凛冽,这茶自然也就香了。"武者边说边又冲了两次水,此时真的是满室清香。

大师没有端茶,他目光如炬地看着武者说:"难得施主把茶道悟得如此透彻,只可惜你没有悟到这世间的人其实也像茶一样,只有那些栉风沐雨,饱经沧桑,历经坎坷,翻翻滚滚,沉沉浮浮的人,最终才能达到他们人生智

慧与生命价值的高峰,溢出他们生命的一缕缕清香！如若偶遇挫折就心灰意冷,遁入空门,这样的人与我所泡的两杯茶有何区别？"

武者没有再说话,他双膝跪在地上朝大师叩了三个响头,起身头也不回地下山去了！

逐梦箴言

人生路上的起起伏伏,失意挫折总是难免,但是我们就此沉沦？上天赋予我们的一切,包括这钟灵毓秀的皮囊。君不想拔剑起舞,笑傲江湖;君不想万军阵前,舍我其谁！但须知每个荣耀光环的背后,必有无数艰辛血泪的过往。当熬过一个又一个严冬,迎接你的必是一个又一个山花烂漫的明媚春天。

■ 烧开一壶水的智慧

一位武者满怀烦恼地去找到他的师傅,他艺成下山后,曾豪情万丈地为自己树立了许多目标,可是几年下来,依然一事无成。

他找到师傅时,师傅正在河边小屋里读书。师傅微笑着听完武者的倾诉,对他说:"来,你先帮我烧壶开水！"

武者看见墙角放着一把极大的水壶,旁边是一个小火灶,可是没发现柴火,于是便出去找。

他在外面拾了一些枯枝回来,装满一壶水,放在灶台上,在灶内放了一些柴便烧了起来,可是由于壶太大,那捆柴烧尽了,水也没开。于是他跑出去继续找柴,回来的时候那壶水已经凉得差不多了。这回他学聪明了,没有急于点火,而是再次出去找了些柴,由于柴准备充足,水不一会就烧开了。

师傅忽然问他:"如果没有足够的柴,你该怎样把水烧开?"

武者想了一会,摇了摇头。

师傅说:"如果那样,就把水壶里的水倒掉一些!"

武者若有所思地点了点头。

师傅接着说:"你一开始踌躇满志,树立了太多的目标,就像这个大水壶装了太多水一样,而你又没有足够的柴,所以不能把水烧开,要想把水烧开,你或者倒出一些水,或者先去准备柴!"

逐梦箴言

进了江湖,每个武者都曾豪情万丈,可是很多人寂寞无闻,他们有万事挂怀,只会半途而废。另外,我们只有不断地捡拾"柴",下山不意味着学习的终止,武学之道没有尽头,江湖是一个你需要持续不断的学习才给你一方天地的所在。所以不懈的努力是一条神奇的线,用它可以串起无数光润的珍珠。

■ 就像贼学艺

从前,一个窃贼的儿子看见自己的父亲渐渐老了,担心自己身无长技,将来无法养家,便决定子承父业。

他将这个愿望告诉他的父亲,后者立刻同意了。这天晚上,父亲领着儿子翻墙入室,进了一户有钱人家。父亲十分顺利地打开柜子,叫儿子进去拿些衣物。儿子刚进柜内,这位父亲便把柜门锁上了。然后故意拍打

物件弄出声响,悄悄从来路溜走。

这家人立刻跑了过来,举灯搜查,虽知有贼光顾,却不知贼在何处。那个窃贼的儿子在柜中好生纳闷,不知父亲安的什么心? 东思西想,计上心来,他的嘴里发出老鼠啮物之声。这家人要女仆打开柜子看看,谁知柜门刚打开一半,窃贼儿子便纵身吹灭灯火,将女仆推倒,没命地冲了出去。

这家人在后面紧追不舍,追得窃贼儿子只恨没人教过自己隐身之术,他看到路旁有口井,急中生智,拾起一块大石头朝井中丢去。石头落井之声被追赶者听到了,他们停下来在井中搜寻贼迹,窃贼儿子这才得以脱身。

窃贼儿子回到家中,见到父亲后不停地责备着。

父亲说,"儿子,不要埋怨,告诉我你是怎么逃出来的。"在听完儿子叙述的脱身经过,父亲非常满意,他拍了拍儿子的肩膀,说:"好啦,你现在已经技艺在身了。"

说这个故事不是鼓励和欣赏做贼,而是说我们在平时多用心想想解决问题的办法,更容易培养沉稳坚毅的心智。对于每个人而言,不如意事常常十有八九,遇到问题后,不是抱怨、痛苦,而是要清醒地面对现实。告诉自己"不要灰心! 让我想想,一定有一个办法可以解决它!"遇到困难难免不让人痛苦,但真正把问题解决后收获会更大。

其实每个人都有足够的理由去抱怨,我们想着自己的痛苦和迷茫去求教他人,却感觉他人似乎更加痛苦和迷茫,诸多问题找不到标准答案。

困惑、不解、郁闷、沮丧……岂不知,这世间的任何问题都可以找到解决之道,看你是否积极沉稳、乐观进取,是否把注意力更多放在自己身上与更广阔的天地中。

逐梦箴言

把自己设想为一个窃贼受到追赶,当你面对高手环伺时,这是怎样的困难与难题? 你该如何坦然应对,从容胜出?

江湖生存之道

在某个小村落,下了一场非常大的雨,洪水开始淹没全村,一位神父在教堂里祈祷,眼看洪水已经淹到他跪着的膝盖了。一个救生员驾着舢板来到教堂,跟神父说:"神父,赶快上来吧!不然洪水会把你淹死的!"神父说:"不!我深信上帝会来救我的,你先去救别人好了。"

过了不久,洪水已经淹过神父的胸口了,神父只好勉强站在祭坛上。这时,又有一个警察开着快艇过来,跟神父说:"神父,快上来,不然你真的会被淹死的!"神父说:"不,我要守住我的教堂,我相信上帝一定会来救我的。你还是先去救别人好了。"

又过了一会,洪水已经把整个教堂淹没了,神父只好紧紧抓住教堂顶端的十字架。一架直升机缓缓地飞过来,飞行员丢下了绳梯之后大叫:"神父,快上来,这是最后的机会了,我们可不愿意见到你被洪水淹死!"神父还是意志坚定地说:"不,我要守住我的教堂!上帝一定会来救我的。你还是先去救别人好了。上帝会与我共在的!"

洪水滚滚而来,固执的神父终于被淹死了……神父上了天堂,见到上帝后很生气地质问:"主啊,我终生奉献自己,战战兢兢地侍奉您,为什么你不肯救我?"上帝说:"我怎么不肯救你?第一次,我派了舢板来救你,你不要,我以为你担心舢板危险;第二次,我又派一只快艇去,你还是不要;第三次,我以国宾的礼仪待你,再派一架直升机来救你,结果你还是不愿意接受。所以,我以为你急着想回到我的身边来,可以好好陪我。"

逐梦箴言

其实,生命中太多的障碍,皆是由于过度的固执与愚昧的无知所造成。江湖行走，在别人伸出援手之际，别忘了，我们自己也要伸出手来，这样人家才能帮得上忙的！

知识链接

百日袖箭千日镖

袖箭和镖都是暗器。镖，钢制，长三寸六分，重六两。重一斤者称斤镖，俗称"金镖"。抛掷击人，有扬手镖、阴手镖等法。袖箭是含机械装置的暗器，圆筒中装箭，筒内设弹簧，一按机关，箭即射出。两种暗器虽大致相同，但袖箭用来省力，射程远近全凭弹簧弹力大小，而镖的掷程远近全凭手腕力量的强弱。二者又都要求掷射准确，因此，使镖显而易见要难于袖箭了。

■ 求人不如求己

某人在屋檐下躲雨，看见观音菩萨正撑伞走过。这人说："观音菩萨，普度一下众生吧，带我一段如何？"

观音菩萨说："我在雨里，你在檐下，而檐下无雨，你不需要我度。"这人立刻跳出檐下，站在雨中："现在我也在雨中了，该度我了吧？"观音菩萨说："你在雨中，我也在雨中，我不被淋，因为有伞；你被雨淋，因为无伞。所以不是我度自己，而是伞度我。你要想度，不必找我，请自找伞去！"说完便走了。

第二天，这人遇到了难事，便去寺庙里求观音菩萨。走进庙里，才发现观音菩萨的像前也有一个人在拜，那个人长得和观音菩萨一模一样，丝毫不差。

这人问："你是观音菩萨吗？"

我的未来不是梦

那人答道:"我正是观音。"

这人又问:"那你为何还拜自己?"

观音菩萨笑道:"我也遇到了难事,但我知道,求人不如求己。"

逐梦箴言

天助自助者。

■ 挖自己的井

有两个和尚住在隔壁,所谓隔壁就是隔壁那座山,他们分别住在相邻的两座山上的庙里。这两座山之间有一条溪,于是这两个和尚每天都会在同一时间下山去溪边挑水,久而久之他们便成了好朋友。

就这样时间在每天挑水中不知不觉已经过了五年。突然有一天左边这座山的和尚没有下山挑水,右边那座山的和尚心想:他大概睡过头了。便不以为意。

哪知道第二天左边这座山的和尚还是没有下山挑水,第三天也一样。过了一个星期还是一样,直到过了一个月右边那座山的和尚终于受不了,他心想:我的朋友可能生病了,我要过去拜访他,看看能帮上什么忙。

于是他便爬上了左边这座山,去探望他的老朋友。

等他到了左边这座山的庙,看到他的老友之后大吃一惊,因为他的老友正在庙前打太极拳,一点也不像一个月没喝水的人。他很好奇地问:"你已经一个月没有下山挑水了,难道你可以不用喝水吗?"左边这座山的和尚说:"来来来,我带你去看。"于是他带着右边那座山的和尚走到庙的后院,指着一口井说："这五年来，我每天做完功课后都会抽空挖这口井，即使有时很忙，能挖多少就算多少。如今终于让我挖出井水，我就不用再下山挑水，我可以有更多时间练我喜欢的太极拳。"

逐梦箴言

我们在江湖混的再风生水起，那都是挑水。而把握在家的时间挖一口属于自己的井，当年纪大了，决定退隐江湖了，还是有水喝，而且喝得很悠闲。所以说眼界决定境界，思路决定出路，定位决定地位。

知识链接

鞭舞一堵墙，拳打一片星

这里的鞭指的是九节鞭、七节鞭一类的软钢鞭。软钢鞭是极难练的兵器之一。它的技击法讲究劈、套、横、提、拦六字，由于软钢鞭用起来有圆无直，因此演练必须舞动如飞轮，像一堵墙一样，密不透风。拳指打拳，出拳要像流星过空般迅疾，拳点似繁星闪烁般眩目。

■ 学会尊重别人

有一次，甘凤池带着徒弟们，在南京的大街上闲逛。街上的人很多，一

个担柴过街的樵夫，不小心用柴担把甘凤池的一个徒弟的衣服给碰了一下。那樵夫发觉自己的柴禾碰了别人，很害怕地向被碰者道歉。可是甘凤池自恃武功高，势力大，得理不让人，冲上前去，就打了那樵夫一个耳光。

那樵夫不满地说："我这是不小心所致，我道歉也就行了，你还打我耳光干什么？别人的耳光，不是可以随便乱打的。"

甘凤池平时动不动便打别人耳光，打时，别人一般都会被打得立刻仆地。而这个樵夫被打之后，不仅没倒下，还和他顶嘴。甘凤池因而更生气了，于是，举拳又朝樵夫猛打过去。可是，拳头还没挨着樵夫的身体，甘凤池反倒先摔在地上！

这下，甘凤池那帮先前气势汹汹的徒弟们，没一个人敢上前了。

那樵夫神色坦然地教训躺在地上的甘凤池说："做人谦逊为好。你应该学会自尊尊人！"然后重新担起柴担，悠悠然地走了。

逐梦箴言

学会尊重别人，是行走江湖的基本常识，同时更要时刻提醒自己一个真理——人外有人，山外有山。你之所以觉得自己还成，是因为你还没碰到那个比你厉害的。低调为人，总是小心无大错。

■ 断箭的启示

不相信自己的意志，永远也做不成将军。春秋战国时代，一位父亲和他的儿子出征打仗。父亲已做了将军，儿子还只是马前卒。又一阵号角吹响,战鼓雷鸣了,父亲庄严地托起一个箭囊,其中插着一只箭。

父亲郑重对儿子说:"这是家袭宝箭,配带身边,力量无穷,但千万不可抽出来。"那是一个极其精美的箭囊,厚牛皮打制,镶着幽幽泛光的铜边儿,再看露出的箭尾。一眼便能认定是用上等的孔雀羽毛制作。

儿子喜上眉梢,贪婪地推想箭杆、箭头的模样,耳旁仿佛有嗖嗖的箭声掠过,敌方的主帅应声折马而毙。

果然,配带宝箭的儿子英勇非凡,所向披靡。当鸣金收兵的号角吹响时,儿子再也禁不住得胜的豪气,完全忘记了父亲的叮嘱,强烈的欲望驱赶着他呼一声就拔出宝箭,试图看个究竟。骤然间他惊呆了。

一支断箭,箭囊里装着一支折断的箭!"我一直挎着支断箭打仗呢!"儿子吓出了一身冷汗,仿佛顷刻间失去支柱的房子,轰然间意志坍塌了。结果不言自明,儿子惨死于乱军之中。拂开蒙蒙的硝烟,父亲拣起那支断箭,沉重地啐一口道:"不相信自己的意志,永远也做不成将军。"

把胜败寄托在一支宝箭上,多么愚蠢!而当一个人把生命的核心与把柄交给别人,又多么危险!比如:把成绩的取得寄托在老师身上,把希望寄托在爸妈身上,把幸福寄托在儿女身上,把生活保障寄托在单位身上……

逐梦箴言

江湖风波多,风吹雨打一番,你需当自己是一支箭,若要它坚韧,若要它锋利,若要它百步穿杨,百发百中,磨砺它,拯救它的都只能是自己。一颗高尚的心应当承受灾祸而不是躲避灾祸,因为承受灾祸显示了意志的高尚,而躲避灾祸显示了内心的怯懦。

我的未来不是梦

■ 好学不倦

只有一个洞穴的老鼠很快被捉。

在一个漆黑的晚上,老鼠首领带领着小老鼠出外觅食,在一家人的厨房内,垃圾桶之中有很多剩余的饭菜,对于老鼠来说,就好像人类发现了宝藏。正当一大群老鼠在垃圾桶及附近范围大挖一顿之际,突然传来了一阵令它们肝胆俱裂的声音,那就是一只大花猫的叫声。它们震惊之余,便各自四处逃命,但大花猫绝不留情,穷追不舍,终于有两只小老鼠走避不及,被大花猫捉到,正要向它们吞噬之际,突然传来一连串凶恶的狗吠声,令大花猫手足无措,狼狈逃命。大花猫走后,老鼠首领欣欣然从垃圾桶后面走出来说:"我早就对你们说过,多学一种语言有利无害,这次我就因此救了你们一命。"

逐梦箴言

行走江湖,"多一门技艺,多一条路",不断学习实在是真正武者的终身追求。

■ 不要为打翻的牛奶而哭泣

当你失去一件你非常想拥有,而且也"本该属于你"的东西时,你会怎么办？是耿耿于怀,沉湎其中,还是努力从中吸取教训,提高自己,这种态度真的很重要,这会决定你的一生。俄罗斯现任总统普京的事例就很能说明这个问题。

1952年10月7日,普京生于彼得格勒的一个普通工人家庭。母亲生他时,已经41岁了。不知道是不是因为这个缘故,普京生来就比其他同龄孩子矮半头,而且瘦小得多。然而就是这样一个小伙子,性格却很要强。

为了弥补身体的不足,还在上小学的时候,普京就去了一个叫波尔波斯特罗伊捷里的俱乐部跟著名教练拉赫林学习摔跤,之后,又师从拉赫林教练学习柔道。普京的悟性好,又肯努力,经过几年的勤学苦练,功夫就有了很大长进。

结业那天,道场举办了一场学生成绩汇报会,所有学生的家长都去了,包括普京的母亲。根据规则,32个学生先是4人一组,捉对厮杀,前两名直接晋级,然后再4人一组,直至决出冠亚军。前几轮,普京发挥出色,都是轻松击败对手。然而在争夺冠军时,他却出人意料地输了,而且输得很难看。

决赛时,拉赫林教练采用的是三局两胜制。第一局,教练刚喊了声开始,对方就突施冷手,给普京来了个背摔。普京后来说,本来,他还是想抵抗一下的,可对方的个头太高了,而且体重也比他多出十多磅,所以被对方突袭得手的那一刻,他就失去了主动权。普京觉得比赛开始前,应像平时训练一样,双方先相互行个礼,但教练没说什么,他也只好作罢了;第二局,在双方僵持不下时,普京先发制人,给对方来了个旋风腿,然后借势抓住对方的衣领,将对方重重摔倒在地,然而由于求胜心切,普京竟未能牢牢锁住对手,结果反被对方轻松翻身,将自己压在了身下;第三局,普京充分发挥出了自己轻灵的特点,巧妙运用杠杆借力,将对手的力量转化为自己的竞争优势,但为时已晚……尽管普京获得了亚军,但因为那是他人生的第一次"比赛",他对那个冠军看得非常重,而他也是冲着冠军去的,所以赛后他还是感到很难过。

回家后,他委屈地对母亲说:"那家伙虽然比我高很多,块头也比我大

很多,但在平时的训练中,他是很少赢过我的啊,妈妈,你知道,这个冠军对我来说是多么的重要,而且它本来是属于我的,可……"说着,说着,普京竟伤心地哭了。

看着小普京难过的样子,母亲微笑着摸了摸他的头说:"看你这点德性,不就输了一场比赛吗?以后类似于这样比赛的事情多着呢。"母亲见普京听得认真,接着说,"其实,无论多么不妙的事情,一旦成为过去,你就没有必要再为它伤神和影响以后的生活了。有一句话说得好,'不要为打翻的牛奶而哭泣',所以你要记得从失败中吸取教训,当然,最好不要总是打翻牛奶。"

那次比赛,对普京日后的人生影响太大了,而母亲的话也让他悟到了很多。走出校门后,普京又多次遇到类似于那场比赛的竞争,但因为心中记住了母亲的那句话,他再没有因为不如意而影响到自己的心境。也许正是因为有了这种心态,普京在克格勃工作的那段时间,因为表现出色,多次得到嘉奖,直至后来被叶利钦慧眼相中。

逐梦箴言

很多时候,我们总是因为"一瓶打翻的牛奶"而纠缠不休,却忽略了一个很重要的事实:世上再美妙的事情,都有其兴衰和成败。大仲马说:"人生是由一串串无数小烦恼组成的念珠,达观的人是笑着数完这串念珠的。"这位参透人生的大文豪用自己的经验告诉我们,人生烦恼是客观存在,无法避免的,关键是要笑迎烦恼,然后从中吸取教训,不断总结,最终达到提高和升华。唯如此,你才能在武学的道路上取得引人注目的成功和辉煌。

知识链接

锤槊之勇不可敌

锤，代表了冷兵器中的重兵器；槊，代表冷兵器中的长兵器。由于古代此类兵器重得惊人，能使用这样兵器的人，没有强大的臂力是不行的。所以，古人总结出一条经验，那就是"锤槊之勇不可敌"，意思是千万不可轻视使用这类兵器的人，因为他们的力量往往超出常人数倍。

■ 把目光望得远些

有一名好木匠，晚年的他很少手把手地教徒弟做工，有一句口头禅是："注意了，留一道缝隙。"

木工讲究疏密有致，粘合贴切，该疏则疏，不然易散落。时下，许多人家装修房子，常常出现木地板开裂，或挤压拱起的现象，这就是太"美满"的缘故。高明的装修师傅则懂得恰到好处地留一道缝隙，给组合材料留足吻合的空间，便可避免出现这样那样的问题。

逐梦箴言

其实，行走江湖，和木匠的工艺原理一样，讲究"留一道缝隙"。假若事事工于算计，利益当头，互不相让，凡事追求"美满"，人与人之间的关系岂能不紧张、不裂变？江湖遇事，最好当面留一线，过后才好相见，山不转水转，两山碰不到一块，两人总有见面的时候，把目光望得远些！

我的未来不是梦

愤怒的鱼

一则寓言中讲过一条鱼的故事：在北方的河流里生活着一种肉味鲜美的鱼，由于水鸟喜食，因此为了保证安全，它们很少游到水面上来。这种鱼有一个习惯，就是在桥的下面打转，特别是绕着桥墩嬉戏。但在湍急的水流中，有时难免会撞在桥墩上。

一天，天气特别好，在阳光照耀下的小河，波光粼粼，小鱼们像往常一样在桥下游玩，一只小心眼的鱼一个不当心，一头撞在了桥墩上，顿时感到头晕眼花，昏了过去。等它清醒过来，看着撞疼自己的那个桥墩，不禁生气起来，气得绕着桥墩打转。它的心中充满了怨恨，恨自己的不小心，恨桥墩太密，恨水流太急，以至于在同伴面前丢了面子⋯⋯于是它张开两鳃，竖起高高的鱼鳍，肚皮气得圆鼓鼓的浮在水面上，带着满腹怨气徘徊在桥墩周围，久久不肯离开，又不知如何才能出了这口气。

这时，一只水鸟从此地飞过，一眼看见水面上漂浮的这只鱼，它一把抓住了鱼头，享受了一顿丰盛的午餐。

愤怒是我们大多数人在生活中经常会出现的一种情绪，它是一种正常的心理反映，但是，它归根到底仍然只是内在于我们自身的力量，我们应当成为自己情绪的主人，而不是被它所主宰。对于已经做错了的事情，应当以一种积极的心态去尽力挽回，而对于无法挽回的事情，则应当尽力忍耐。

逐梦箴言

对于胸有大志的练武者来说，愤怒是对时间和情感的一种
巨大浪费。生命是有限的，要让有限的生命绽放绚丽的花朵，

任何一个明智的人都不会将这宝贵的时间用在怨天尤人式的愤怒上,把用来生气的时间去尽可能的让事情变得更好,才是尊重自己的做法。要经常提醒自己:江湖幸福行,你没有时间为琐事愤怒!

知识链接

把势、把势,全凭架式;没有架式,不算把势

历来人们都爱把练武术叫作练把势,这条谚语重点不在强调练好把势上,而是强调练武术必须姿势正确这一原则,姿势就是架式,是要反复习练以求习惯的一种动作。练套路要注意架式,练各种基本功也要注意架式,每个姿势,都有要领,符合要领,姿势才正确。如马步,就是骑马蹲裆的架式,随便一蹲就不是马步。如不按照要领去强调架式,就会练得不伦不类,而且内外功夫也练不成功。

■ 以退为进

有一位武术师去找工作,结果好多家武馆都不录用他,思来想去,他决定收起所有的资历证明,以一种"最低身份"——武者,去求职。

不久,他被一家武馆录用为门首。这对他来说简直是"高射炮打蚊子",但他仍干得一丝不苟。不久,老板发现他能看出来学武的人适合哪门功夫,非一般的门首可比。

过了一段时间,馆主发现他时常能对套路功夫提出许多独到而有价值的建议,远非一般的武师可比。

再过了一段时间,馆主觉得他还是与别人不一样,就对他"质询",他才

亮出他的真正的本事。此时馆主对他的水平已有了全面的认识，毫不犹豫地重用了他。

逐梦箴言

以退为进，由低到高，这也是一种自我表现的艺术。

人不怕被别人看低，怕的恰恰是自己把自己看低了。在必要的时候，可以暂时藏起"高"来，退一步比进一步更重要，因为你可以重新找到一条生活的出路。老子曾经告诫世人："不自见，故明；不自是，故彰；不自伐，故有功；不自矜，故长。"这句话的大意是，一个人不自我表现，反而显得与众不同；一个不自以为是的人会超出众人；一个不自夸的人会赢得成功；一个不自负的人会不断进步。

■ 别怕，跑吧

如果你碰到过危机四伏的人生窘境，下面这则寓言，也许能给你一点启迪。

有个年轻人，有一天因心情不好，走出了家门，漫无目的地到处闲逛，不知不觉间来到了森林深处。在这里他听到了婉转的鸟鸣，看到了美丽的花草，他的心情渐渐好转，他徜徉着，感受着生命的美好与幸福。忽然，他的身边响起了忽忽的风声，他回头一看，吓得魂飞魄散，原来是一头凶恶的老虎正张牙舞爪地扑过来，他拔腿就跑，跑到一棵大树下，看到树下有个大窟窿，一棵粗大的树藤从树上深入窟窿里面，他几乎不假思索，抓住树藤就滑了下去，他想，这里也许是最安全的，能躲过劫难。

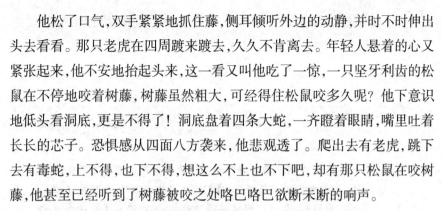

他松了口气，双手紧紧地抓住藤，侧耳倾听外边的动静，并时不时伸出头去看看。那只老虎在四周踱来踱去，久久不肯离去。年轻人悬着的心又紧张起来，他不安地抬起头来，这一看又叫他吃了一惊，一只坚牙利齿的松鼠在不停地咬着树藤，树藤虽然粗大，可经得住松鼠咬多久呢？他下意识地低头看洞底，更是不得了！洞底盘着四条大蛇，一齐瞪着眼睛，嘴里吐着长长的芯子。恐惧感从四面八方袭来，他悲观透了。爬出去有老虎，跳下去有毒蛇，上不得，也下不得，想这么不上也不下吧，却有那只松鼠在咬树藤，他甚至已经听到了树藤被咬之处咯巴咯巴欲断未断的响声。

你也许已经悟出了，这个故事并不是人生的特殊个例，也不是人生的具体写实，而是人生境遇的一个比喻。佛经解释说：那只老虎不是别的，其实是无常；那只松鼠是时间；那四条大蛇是人生无法逃避的生老病死；那根藤就是我们的生命线。老虎存在于这个世界上是无疑的，正如灾害，正如苦恼，正如天外飞来的横祸。这些不测总是要来到人间。是来到你面前，还是来到他面前，是碰到一次，还是常常碰到，这也许有一定的偶然性。佛说，这就是无常。与生俱来的还有生老病死，这是任何人都无法挣脱的宿命，上至王侯将相，下至贩夫走卒，都无法摆脱。无法摆脱的还有时间，从表面来看，时间对生命并不构成威胁，甚至我们还以为它是运载人生的免费列车，可是真正给我们致命一击的就是时间，时间每时每刻都在咬着我们的生命之藤。

人生就是这么一个苦窟窿。人被从母体中赶出来，就被驱赶到这个窟窿里去了，人生在生老病死这种苦境之外，还有许多意想不到的挫折与打击，也许你常常被苦难紧紧盯住。那么你怎么办呢？

让我们继续看完那个年轻人的故事。

年轻人想：悬挂不动已不可能，树藤已不让你悬了；跳下去也绝无生路，那是个死胡同，连逃的地方都没有；可是外面呢，有可怕的老虎，但也有鸟鸣，有花香。年轻人想，难道这就是人生的宿命？冥冥之中，他听到一个声间在喊："别怕，跑吧。"于是他不再作多余的考虑，一把一把向上攀登，他终于爬到了地面，看到那只老虎在树底下闭目养神（是的，苦难也有闭上眼睛

我的未来不是梦

的时候),他瞅住这个机会,拔腿狂奔,终于摆脱了老虎,安全回到了家。

逐梦箴言

也许我们的能力确实有限,也许我们的厄运真的无法摆脱,但是我们用不着绝望,我们逃不脱生老病死,我们逃不脱有限的岁月,但是我们可以逃得脱老虎,逃得脱人生迎面而来的灾难。每个习武之人,从踏进江湖那一日起,你就要时刻准备着,种种困厄也会接踵而至,不幸、挫折与打击也许会接二连三,这时别忘了,我们可以跑,可以奋斗。羚羊摆脱狮子的追击的办法是跑得比狮子还快,这就是生路。所谓生路,就是江湖行走之路。

知识链接

武术讲八法,拳脚要踢打

八法是武术的八种基本功法,即手法、眼法、身法、步法、精神、气息、劲力、功夫。这八法可说是各门各派通用的基本法。不管练何拳何派,离开这八法就练不成功夫。而八法必须在实践中体现,在实践中练成,所以,"拳脚要踢打"就是指练武要持之以恒,才能将八法掌握。

● 智慧心语 ●

骄傲是可怕的不幸。

——季米特洛夫

在上不骄,高而不危。

——佚名

天公把一种魅力隐藏在困难的事业中,只有敢于尽力从事困难的人才意识到这种魅力。

——欧洲民谚

恼怒将理智的灯吹熄,所以在考虑解决一个重大问题时,要心平气和,头脑冷静。

——英格索尔

当面留一线,日后好想见。

——谚语

命运给予我们的不是失望之酒,而是机会之杯。因此,让我们毫无畏惧,满心愉悦地把握命运。

——尼克松

在希望与失望的决斗中，如果你用勇气与坚决的双手紧握着，胜利必属于希望。

——普里尼

冬天已经来了，春天还会远吗？

——雪莱

世界上的一切都必须按照一定的规矩秩序各就各位。

——莱蒙特

决不要陷于骄傲。因为一骄傲，你们就拒绝别人的忠告和友谊的帮助；因为一骄傲，你们就会丧失客观标准；因为一骄傲，你也许就陷入极端的危险之中。

——巴甫洛夫

卓越的人的一大优点是：在不利和艰难的遭遇里百折不挠。

——贝多芬

老是把自己当成珍珠，就时时有被埋没的痛苦；把自己当作泥土吧，让众人把你踩成一条路。

——鲁藜

第五章

江湖如何任我行
之善缘福分

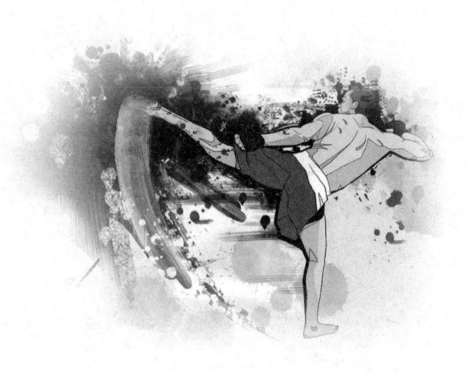

◦导读◦

　　习武之人江湖行，风云来去红尘轻。在江湖上行走长久的武者，通常懂得一个最基本的道理：种下什么因，得到什么果。我们谁都在因果循环中计数江湖的日子，我们需广结善缘，俗话说"一个好汉三个帮""多个朋友多条路""在家靠父母，出门靠朋友"。武术师行走江湖怎少得了别人的帮助？而得到别人的帮助之前，你首先也要有一颗帮助别人的心。

■ 广结善缘

有人说："20世纪最伟大的发明,就是人与人之间的沟通。"

佛经上也说："未成佛道,先结人缘。"

所谓结缘,就是和他人建立融洽的关系和良好的沟通。

人在江湖,我们为了自己的生活愉悦,也为了大家的生命快乐,广结善缘实在重要。那么,怎么样才能广结善缘呢?

逐梦箴言

过去,有的人在路上点一盏路灯跟行人结缘,有人做个茶亭施茶与人结缘,有人造一座桥梁衔接两岸与人结缘,有人挖一口水井供养大众与人结缘,有与人为善的信念会在行走江湖时为你带来意想不到的好处。

■ 助人也是自助

两个钓鱼高手一起到鱼池垂钓。

我的未来不是梦

英雄谁属

这两人各凭本事，一展身手，隔不了多久的工夫，皆大有收获。

忽然间，鱼池附近来了十多名游客。看到这两位高手轻轻松松就把鱼钓上来，不免感到几分羡慕，于是都到附近去买了一些钓竿来试试自己的运气如何。

没想到，这些不擅此道的游客，怎么钓也是毫无成果。

话说那两位钓鱼高手，两个个性根本不同。其中一人孤僻而不爱搭理别人，单享独钓之乐；而另一位高手，却是个热心、豪放、爱交朋友的人。

爱交朋友的这位高手，看到游客钓不到鱼，就说："这样吧！我来教你们钓鱼，如果你们学会了我传授的决窍，而钓到一大堆鱼时。每十尾就分给我一尾。不满十尾就不必给我。"

双方一拍即合，欣然同意。

教完这一群人，他又到另一群人中，同样也传授钓鱼术，依然要求游客每钓到十尾回馈给他一尾。

一天下来，这位热心助人的钓鱼高手，把所有时间都用于指导垂钓者，获得的竟是满满一大篓鱼，还认识了一大群新朋友，同时，左一声"老师"，右一声"老师"，备受尊崇。

同来的另一位钓鱼高手，却没享受到这种服务人们的乐趣。当大家圈绕着其同伴学钓鱼时，那人更显得孤单落寞。闷钓一整天，检视竹篓里的鱼，收获也远没有同伴的多。

当你帮助别人获得成功——钓到大鱼之后，自然在助人为乐之余得到回馈。这么美好的事情，有谁不愿意干呢？

逐梦箴言

认识到你自身的诸多不足和缺憾，这样你才更知道要去结交可以在各方面帮助指导你的朋友，若是执意千里独行，或觉得自己总是高人一等,恃才自傲,这江湖必会还你一个大大的恶果。

内练一口气,外练筋骨皮

武术运动的优越之处,在于内外兼修,不论内家外家,不论武当少林还是南拳北腿,拳理虽众说纷纭,归根到底只有一个,即"内练一口气,外练筋骨皮",这里所讲的"气"是指人的元气,也就是人的生命力,通过武术锻炼,增强肌体的活力,改善内脏器官的功能,促进新陈代谢,就会精力充沛,益寿延年。"筋骨皮"指的是人的形体,通过武术锻炼,可以增强人的体魄,使肌肉发达,骨骼坚实,韧带柔软,皮肤健康,使人有一副健美的体态。

■ 不要选刀

一位知名武学大师开馆收徒,经过一番遴选,最后有三位体能素质极佳的人进入最后一关。这一关是武学大师亲自出题,题目是这样的:"假如你们三个人一起去沙漠探险,在返回的半途中,车子抛锚了,这时,你们只能选择四样东西随身带着。你会选什么?这些东西分别是:刀、帐篷、水、火柴、绳子、指南针。而其中帐篷只能住两个人,水也只有一瓶矿泉水。"

第一位男子选的是:刀、帐篷、水、火柴。武学大师问他:"为什么你第一个就要选刀?"第一位男子说:"害人之心不可有,防人之心不可无。这帐篷只够两个人睡,水只有一瓶,万一有人为了争夺生存机会想害我呢?

我的未来不是梦

所以,我选刀也就等于把主动权控制在了手中。"

唯一的女子和第二位男子选的四样物品为:水、帐篷、火柴、绳子。女子解释说:"水是必需品,虽然只够两个人喝,但可以省着点,相信也能够三个人一起坚持到最后;帐篷虽然只能容纳两个人睡,但是可以三个人轮换着来休息;火柴也是路上必不可少的;而绳子可以用来把三个人绑在一起,这样在风沙很大、目不见物的时候,就不会失散。"

第二位男子给出的解释与女子相同。

最后,女子与第二位男子成为大师的入室弟子。第一位男子抱憾而还。

逐梦箴言

行走江湖义字当头,要想在江湖笑到最后,你必须有朋偕行,彼此更要肝胆相照。虽当年金庸大侠写下《连城诀》,对人性作了最残酷剖析,然而善恶到头终有报,种下什么因就会食什么果。而第一位男子在紧要关头只顾自己,把同行的伙伴都假设成敌人。当他选择了那把刀来防备别人、甚至准备在关键时刻把它插向伙伴胸膛的时候,实际上他是把刀插向了自己。

■ 善念的接力

有一个武者在沙漠行走了两天。途中遇到沙暴。一阵狂沙吹过之后,他已认不得正确的方向。正当快撑不住时,突然,他发现了一幢废弃的小屋。他拖着疲惫的身子走进了屋内。这是一间不通风的小屋子,里面堆了一些枯朽的木材。他几近绝望地走到屋角,却意外地发现了一座抽水机。

　　他兴奋地上前汲水,却任凭他怎么努力,也抽不出半滴来。他颓然坐地,却看见抽水机旁,有一个用软木塞,堵住瓶口的小瓶子,瓶上贴了一张泛黄的纸条,纸条上写着:你必须用水灌入抽水机才能引水!不要忘了,在你离开前,请再将水装满!他拔开瓶塞,发现瓶子里,果然装满了水!

　　他的内心,此时开始交战着——

　　如果自私点,只要将瓶子里的喝掉,他就不会渴死,就能活着走出这间屋子!

　　如果照纸条上写的话做,把瓶子里唯一的水,倒入抽水机内,万一水一去不回,他就会渴死在这地方了——到底要不要冒险?

　　最后,他决定把瓶子里唯一的水,全部灌入看起来破旧不堪的抽水机里,以颤抖的手汲水,水真的大量涌了出来!

　　他将水喝足后,把瓶子装满水,用软木塞封好,然后在原来那张纸条后面,再加他自己的话:相信我,真的有用。在取得之前,要先学会付出。

逐梦箴言

　　每个行走江湖的武术师,都认为江湖充满了恐惧和迷茫,又道:逢人只说三分话,未可全抛一片心。懂得了小心谨慎,胸膛之中充斥着不信任,眼神中满是怀疑。但是凭此态度进入江湖,那将寸步难行,最后更可能因此毁了他人,更害了自己。

知识链接

手似流星眼似电,身似游龙腿似箭

这条谚语首先提出了对"手眼身法步"的技术要求,是针对

我的未来不是梦

长拳类矫健迅猛的动作而言的，长拳类拳术有节奏鲜明、结构紧凑、灵活多变的特点，富有弹性的风格，正是这条谚语所含的内容。其次，这条谚语又启示了格斗中应取的方法。手疾、眼快、身滑、腿捷是战胜对手的重要因素。眼到手必到，手到眼必到，手眼身法步浑然如一，以快制慢，以快制快，以快制柔，以快制刚，乃克敌制胜的原则之一。

■ 与人为善

在江湖上，最重要的是有一个好的人缘，"朋友多了路好走"嘛。所以最重要的是要广结善缘。

一天，佛陀带领弟子们过江。佛陀捡起一块石头，问弟子们："我把这块石头扔在江中，你们说，它是会浮着，还是会沉没呢？"

弟子们心里暗笑，说："自然是沉没了。"

佛陀扬手将石头掷了出去，石头沉入江中。

佛陀叹息道："这块石头没有缘分啊！"

接着佛陀又说："有一块石头，将它放在江中，不但没有沉没，而且还过江而去，大家知道这是怎么回事吗？"弟子们冥思苦想也不得其解。

佛陀说："那块石头有善缘呀。"

什么是石头的善缘呢？原来是船。石头放在船里过江，自然不会沉没。

一块石头有了善缘，都能够渡过江去，何况人乎？人生也是如此，只有遇上善缘，获得他人相助，就能"过江"获得成功。由此可见善缘的功用。

但是有些人就看不到这一点。中国有句俗话叫作"得意忘形"，人在江湖，遇到难处时，往往非常善于结交朋友，很重视朋友的好处，非常注意广结善缘。但是他在江湖上一时走得顺了，就会忘记朋友的好处，变得趾高气扬起来。这种人往往在危急的时候就会失去别人的帮助，这样做很是得不偿失的。

其实,真正的江湖武者不论在什么时候都很注意结交善缘,只有这样才能够在需要帮助的时候有人出手相助。

春秋时,赵宣孟(即赵盾,谥号宣孟)有一次看见一棵枯树下有一个人躺在地上,奄奄一息,眼看就快要饿死了。便停车下来,给他东西吃。那个人一点一点地咽下食物,慢慢地有了精神。

宣孟问他:"你为什么饿成这个样子呢?"

那个人回答说:"我在回家的路上被人打劫,吃的都被抢走了,我羞于向人乞讨,又不愿擅自拿人的东西,所以才饿成这个样子。"

于是宣孟便送给他一些干肉,那个人拜了两拜,接受了干肉,却不肯吃。

宣孟问他是什么缘故,他回答说:"我家还有老母呢,我想把这些肉留给她吃。"

宣孟说:"你把这些吃了吧,我另外再给你一些。"于是又赠给他两束干肉和一些钱,便离开了。

过了两年,晋灵公派兵追杀宣孟,其中有一个士兵跑得最快,追上了宣孟,宣孟心里想着:我命休矣!

没想到这个士兵对宣孟说:"请您上车快跑,我来保护你。"宣孟问:"你为什么要这样做呢?"

那个士兵道:"我就是枯树下饿倒的那个人。"于是他奋力保护宣孟,最终以死保护宣孟逃脱了。

逐梦箴言

由此可见,在江湖路上不论你处在顺境还是逆境,只有懂得广结善缘,才会有人缘,才能走好运。在行走江湖时,切莫忘了播撒善意的种子。

我的未来不是梦

花拳绣腿，好看无用

　　武术界常用"花拳绣腿"来形容姿势好看却不实用的拳套。这一类拳套过分追求姿势的美观和技巧的高难，而不注重动作是否体现技击性，拳套中缺少踢、打、摔、拿的实用招法。还有一种情况是有些习武者所练的确是货真价实的好东西，可惜，练习者只会依葫芦画瓢，而不会拆解，表演起来威风漂亮，一经实战一窍不通。这样的习武者也被称为花拳绣腿。

及时雨宋江

　　《水浒传》里的宋江，其貌不扬，面黑身矮，"文不能安邦，武不能服众，手无缚鸡之力，身无寸箭之功"，这样一个人为什么能够稳坐梁山第一把交椅呢？要知道，那水泊梁山也是人才济济的，比他有能力、有智慧、有才学、有派头的人多得是，为什么这个黑三郎就能成为大哥？

　　究其根本，就在于他懂得施舍，仗义疏财是宋江的特色，别人有苦难他会尽力帮，所以得了一个"及时雨"的绰号。

　　在上梁山之前，宋江是衙门的一个小官吏，虽然钱财不多，但是为人极其大方，舍得在小人物身上花钱，所以大家都喜欢他，阎婆惜娘俩没有依靠，他给钱；街上打更的老头没有棺材本，他送；即便是吃了官司，他也拿些钱财给监狱的吏卒们，免受了杀威棒的苦楚。李逵赌钱输了，他还拿钱替其还账，这个仗义疏财的及时雨大哥，李逵终其一生追随左右。

　　所以在此后，其几次落难，不管认识不认识的人，听其名号，都纳头便拜，皆呼："欸呀，不知道是公明哥哥，险些害了自家人！"

更有其将要被斩之际,众家兄弟劫了法场,拼命救其出来。

这宋江也只是会些棍棒功夫,在水浒108将里,武艺实在不高,估计要排在末流,而这107人为其马首是瞻,听其号令。

宋江的显赫的江湖地位给了我们什么样的启示呢?

逐梦箴言

人是讲感情的,你为别人付出了,帮助别人了,无论是锦上添花,还是雪中送炭,你就在储存情谊、尊重、感激。当有一天,你江湖遇急了,你就有可能提取这些出来,使你转危为安,化险为夷。

■ 为自己掌一盏灯

一个漆黑的夜晚,一个远行学习武艺的武术师走到一个荒僻的村落中。漆黑的街道上,络绎的村民们在默默地你来我往。

武术师转过一条街道,他看见有一团昏黄的灯正从巷子的深处静静地亮过来。身旁一位村民说:"孙瞎子过来了。"

武术师百思不得其解。一个双目失明的盲人,他没有白天和黑暗的一丝概念,他看不见高山流水,看不到柳绿桃红的世界万物,他甚至不知道灯光是什么样子,他挑一盏灯岂不令人迷惘和可笑?那灯笼渐渐近了,昏黄的灯光渐渐从深巷游移到了武术师的鞋子上,百思不得其解的武术师问:"您真的是一位盲人吗?"那挑灯笼的盲人告诉他:"是的,从踏进这个世界,我就一直双眼混沌。"

武术师问:"既然你什么也看不见,那你为何挑一盏灯笼呢?"盲人说:

我的未来不是梦

"现在是黑夜吧？我听说在黑夜里没有灯光的映照，那么满世界的人都和我一样是盲人，所以我点燃了一盏灯笼。"武术师若有所悟说："原来您是为别人照明了？"但那盲人却说："不，我是为自己！"

为你自己？武术师又愣了。盲人缓缓问武术师说："你是否因为夜色漆黑而被其他行人碰撞过？"武术师说："就在刚才，还被两个人不留心碰撞过。"盲人听了，就得意地说："但我就没有，虽说我是盲人，什么都看不见，但我挑了这盏灯，既为别人照亮了，也让别人看到了我自己，这样，他们就不会因为看不见而碰撞我了。"

武术师听了，顿有所悟。他仰天长叹说："我都觉世人负我良多，江湖风波险恶，我每每总是如临深渊、如履薄冰，其实世道人心就像一盏灯，只要我点亮了，即使前途未卜，但我想自己总可乐行江湖吧。"

逐梦箴言

是的，给自己掌一盏灯，既照亮了别人，也照亮了自己，只有先照亮别人，才能够照亮我们自己。江湖再大、再艰险，总是朗照下的黑暗，侵占不了光明的全部。在江湖的夜色里，每个武术师都能寻找到自己的平安和灿烂！

知识链接

不能因辞害其意，不能因名忌其拳

用辞不当，当然不好，但如果其意良善，则不应计较；拳名不当，固然有弊，但如果其内容精湛，则也不容忽视。如"女人拳""疯拳""狗拳"之类，名字似乎不雅，但拳术却均有独到之处，倘若因名忌拳，岂不丢掉了精华。

■ 何为轻生重诺

有一个以信义扬名的武者,他做了触犯暴君的事,因此被投进了监狱,将被处死。武者说:"我只有一个请求,让我回家一趟,向我所热爱的人们告别一下,然后我一定回来就法。"

暴君听完,笑了起来。

"我怎么能知道你会遵守诺言呢?"他说:"你只是想骗我,想逃命。"

这时,武者的至交好友说话了:"国王,把我关进监狱,代替我的朋友,让他回家乡看看,料理一下事情,向朋友们告别。我知道他一定会回来的,因为他是一个从不失信的人。假如他在您规定的那天没有回来,那么我情愿替他死。"

暴君很惊讶,居然有人这样自告奋勇。最后他同意让武者回家,并下令把武者的朋友关进监牢。

光阴流逝。不久,处死武者的日期临近了。他却还没有回来。暴君命令狱吏严密看守武者的朋友,别让他逃掉。可是武者的朋友并没有打算逃跑。他始终相信他的朋友是诚实而守信用的。他说:"如果武者不准时回来,那也不是他的错。那一定是因为他身不由己。受了阻碍不能回来。"

这一天终于到了。武者的朋友做好了死的准备,他对他朋友的信赖像以往一样坚定不移。他说,他为自己所深敬爱的人去受苦,他不悲伤。

狱吏前来带他去刑场。就在这时,武者出现在门口。由于暴风雨和船只倾覆使他耽搁了。他一直担心自己来得太晚了。他亲热地向他的朋友致意,然后走向狱吏。他很高兴,因为他终于准时回来了。

暴君看到了这至善的美德。他认为,像武者和他朋友这样互相热爱,互相信赖的人不应该受到惩罚。于是,两个人都被释放了。

逐梦箴言

行走江湖,可以凭仗自己的武力,但要是有一个真正懂你、信任你的朋友,相偕闯荡,那又是怎样一番情景?哪怕江湖雨大风急,哪怕波浪滔天,都是同舟共济。困厄也许由此也逢凶化吉,灾难也雨过天晴。

■ 李小龙的"善缘"

李小龙的成就在于个人的不懈努力,但也少不了其老师和朋友,甚或还有他的学生的鼓舞和帮助。

叶问 叶问老先生是广东佛山人,20 世纪 40 年代后期因战争迁来香港,并开设拳馆专门教授咏春拳,是近代香港武坛德艺俱精且令人敬仰的一代武学名师,是香港武术界的领袖人物,更是咏春拳得以走向世界的首位功臣,因他于 1949 年开班授徒之前,咏春拳基本上是一种家庭式的教学方式,各位咏春高手只是将拳艺传于自己的子侄及族人,如此大规模的授艺,在咏春拳二百多年的历史上尚属首次。李小龙则是在街战失利及好友张卓庆的影响下决定投入到咏春门下的。因为李小龙突然间感觉到张卓庆的技击犀利了许多,原因是他开始学习咏春拳了,所以在张卓庆的介绍下他亦正式拜入了叶问宗师的门下,开始系统学习咏春拳。当然开明的叶问亦不反对李小龙继续练习太极拳,也不反对自己的弟子与别的拳派过招,相反他还特别注重实战训练,因为他知道一个拳派要想生存下去靠的就是自己的实力,习武者只有在"讲手"或"实战"中,才能不断地完善与强大自己。这一切,均对李小龙影响至深。

　　艾迪·帕克　艾迪·帕克(ED·PARKER)，在美国武坛被称为"美国空手道之父"，是空手道运动在美国的奠基人，同时也是"肯波"流空手道(KENPO-KARATE)的创始人。李小龙经朋友介绍与他认识之后，亦迅速与这位著名空手道教育家成为好友，并由此开始互通所学，李小龙向他讲解以咏春拳为主的中国武术，艾迪·帕克则将自己的格斗精技介绍给李小龙，使李小龙切切实实地感受到了空手道这门格斗艺术的高深内涵。尤其是艾迪·帕克的功夫是脱胎于传统空手道的新型格斗技艺，所以它的改革与发展对李小龙的影响相当大，也使李小龙由此认识到一点："拳术应该在前人的基础上有所创新"，因为没有创新就没有发展。

　　严镜海　严镜海虽为李小龙的学生，但他对于李小龙在武术上的成功，亦作出了极大的贡献，因为严镜海在投入到李小龙门下之前，便已是一位传统武术方面的高手，并精于多种拳法及擅长"铁砂掌"功夫。他对李小龙最大的贡献乃是把自己的一套肌力训练方法教给李小龙，因为他本身便曾是一位举重运动员，于肌肉训练方面有相当丰富的经验。当然李小龙对严镜海所教的技术亦如获至宝，而依法苦练不辍，使本身便已强健的肌肉变得更加发达，抗击力亦更强，爆发力亦更为凶猛。所以说，如果没有严镜海的帮助，就不可能有李小龙那强劲、威猛的身手及铁铸般强硬的身体。李小龙那身结实的肌肉和惊人的爆发力，本身就代表着一种神威和气势。对此，李小龙亦得出一个结论："如果你的身体不够强壮，你便不能进行剧烈的搏击。"

　　肯尼·拉贝尔　肯尼·拉贝尔(GENE·LEBLL)，在美国武坛号称"柔术之父"，作为"黑带群英殿"中"导师奖"的多次获得者，李小龙不仅跟他学习过柔术，就连查克·劳力士(CHUCK·NORRIS)与"喷射机"宾尼(BENNY)也曾跟他学过柔术。在李小龙刚到美国发展之时，肯尼·拉贝尔便早已名闻全球，他不仅获得过多次各种柔术与格斗比赛的冠军，而且还因摩托车特技过人而被誉为"飞车手"，当然李小龙跟他学习的主要内容为"锁制技术"。不过，从小就喜欢骑摩托车的李小龙自然免不了向他讨教此种可用作电影表演的特技技术。最为重要的是，拉贝尔曾向李小龙倾囊

相授了自己的柔术技术，从而进一步完善了李小龙的格斗技系统，因为人们都知道，截拳道是一种踢、打、摔、锁并用的立体式无限制的拳道，而其中的"摔"与"锁"技术除了李小龙曾从中国武术中汲取了一些有用的技巧之外，相当一部分的精华动作便直接来自于肯尼·拉贝尔。所以说，早在当今的一些截拳道研修者回过头来学习格雷西柔术或其它一些综合性格斗技之时，殊不知早在30多年前，李小龙宗师便已在肯尼·拉贝尔的指导下掌握了此类武技，只是当今的一些截拳道研究者对正宗的截拳道知之甚少而不了解罢了。1997年，美国武术界在为肯尼·拉贝尔祝寿时，他突然说了这样一番具有震撼性的话："在我的62年武术与柔术生涯中，李小龙是真正的无敌斗士，尤其是他那双可将人锁制得无法动弹的双臂，若以身材比例而言，其力量与威力确为我平生未见。"

李峻九　李峻九(JHOON-GOO RHEE)，曾两次入选"黑带群英殿"，并以曾向美国国会议员传授过跆拳道及自卫术而闻名，为美国武坛跆拳道界顶级领袖人物，有"美国跆拳道之父"之美称。李小龙与李峻九的相识是1964年艾迪·帕克举办的长堤空手道大赛上，当然他们两人都是以表演嘉宾的身份去出席的，那一年李峻九32岁，大李小龙将近10岁。但李小龙的精彩表演却深深地震撼了李峻九，从那时候他们便成了好朋友，常常互相拜访、互相交流。李峻九不但学习了李小龙的立体式攻击打法，且同时将自己修炼了多年的腿法心得教给了李小龙，从而进一步完善与丰富了李小龙当时的武道系统，尤其是在高踢法方面，更使李小龙获益良多。至于李小龙经常在一些公众场合所表演的"脚断木板"之技，便得自于李峻九；还有腾空飞踢技术，更有赖于李峻九的指点。

逐梦箴言

江湖中一个无法回避的事实是，每一位武师的能耐总是十分有限，没有哪个武者能说他所有武功样样精通，所以，人人都可以在某些方面成为你的指导者。当自以为拥有一些本领后，你要记住，你还十分欠缺，而且会永远欠缺。不然，败北的命运将如影相随。

架子天天盘，功夫日日增

盘架子，就是练套路，这是武术行话。武术发展史表明，无论拳术还是器械，都是先有散打后有套路，套路可说是武术发展的高级阶段。武术套路是以格斗技术组成的系统动作，以便习练者平时习练。既是平时习练，所以套路动作便长，同时要求习练者使用重、长之刀，以便增长气力和耐久力。因此，要想在实战中尽量发挥，便需要"架子天天盘"。"套路武术无用"的观点是错误的。

李峻九

智慧心语

君子莫大乎与人为善。

——孟子

恩德相结者,谓之知己;腹心相结者,谓之知心。

——冯梦龙

人生所贵在知己,四海相逢骨肉亲

——李贺

花要叶扶,人要人帮;赠人玫瑰,手有余香!

——谚语

善良是一种世界通用的语言,它可以使盲人"看到",聋子"听到"。心存善良之人,他们的心滚烫,情火热,可以驱赶寒冷,横扫阴霾。善意产生善行,同善良的人接触,往往智慧得到开启,情操变得高尚,灵魂变得纯洁,胸怀更加宽阔。与善良之人相处,不必设防,心底坦然。

——马克·吐温

第六章

武术师存在的奥义
之天人合一

导读

　　"天人合一"作为具有深刻中国特色的哲学命题,是最能体现中国伦理精神的一种存在模式,同样也是作为习武者所追寻的至高境界。"天人合一"中的"天",有许多关于的它的解读:有自然的"天",指的是客观性与实在性;有命运的"天",体现的是具有必须承认的规律与必然性;有精神的"天",反映的是自然规律的权威性和不可逆性;有德性的"天",强调的是道德的本性与最后的根源。"天人合一"中的"人"则是指涉足武学的芸芸习武之人。所以"天人合一"最基本的观点就是人要与这个世界达成某种和谐的状态,明白怎么才能让自己处于最合适的位置。武术师也不例外。

■ 吉川英治的《宫本武藏·剑与禅》

每个读完这部书的人，都会有一些关于武学的新体悟，作为中国的近邻，日本受华夏文明影响甚大，甚或可以说中华文明是日本文明的母体，当然也对其武学发展影响深远。书中宫本武藏对剑道的坚持，对于剑与禅结合的想法，会让我们有一种似曾相识的感觉。尤其是后期的宫本武藏，不复昔日莽夫之勇，面对阿衫婆的无端诋毁，采取了退避三舍的态度。感觉上跟日观和尚口中的"你还要弱一点"的境界越来越接近了。

而反观小次郎，因为傲慢放肆，手上沾上了不少鲜血，并经常以此洋洋自得，日后必为心魔所困。每次看见或听见宫本武藏的消息时，那种亢奋和莫名的仇恨可见一斑。

在结尾处，虽未看到小次郎和宫本武藏的决斗。但小次郎追名逐利的心魔愈盛，而宫本武藏的禅心愈精进，二者结局自然可想而知。

逐梦箴言

掩卷后，你会不自觉地佩服宫本武藏对天道的感悟，以及其时刻不忘"与天地合而为一，与宇宙同体"的思想。而他对弟子的教育从粗放型到后期严厉要求，促使好的一面超过坏的一面，也给我们很大启发。宫本武藏可谓深得"天人合一"之况味。

什么叫丹田

丹田又称"龙宫""海底""北斗""慧明""经丸""泥牛""摩尼"等等。丹田又可分为上丹田、中丹田、下丹田。至于丹田的具体部位,目前说法不一,有人说百会是上丹田,也有人认为人中或印堂是上丹田的。关于中丹田则有膻中、关元、脐眼、气海等多种说法,而下丹田则有会阴、涌泉等说法。丹田所在的具体部位尚有争议,目前大多数人认为,丹田不是一个点,也不是一个穴位,而是一个区域。以百会穴为中心的区域为上丹田,以肚脐为中心的区域为中丹田,以会阴为中心的区域为下丹田。

■ 要随着情况的变化而变化

中国文化的两套系统,这是一个很有趣的现象。之所以说它有趣,是因为两套系统虽然冲突,却不是西方那样的一对一错,而是都对,都有道理,都被人们奉作行为规范。比方说:有"威武不屈,富贵不淫",又有"大丈夫能屈能伸""好汉不吃眼前亏";有"君子坦荡荡,小人常戚戚",又有"见人只说三分话,未可全抛一片心";有"江山不移",又有"随遇而安";有"兼济天下",又有"独善其身"……这是怎么回事呢? 是不是有的只供说说而已,有的才是去做呀?

其实都不尽然,每个道理都是在某些情况下才是至理,但在另一些情况下都是谬论,中国最高哲学里,其实犹如太极的阴阳鱼的轮转,也同样在阐释着一个永远不变的原则——"要随着情况的变化而变化,这样你才能和天地达成最高的统一,才可在空间的逼仄和时间的短促中找到永恒,获得不朽。

逐梦箴言

武学之道,顺天地之势而为,取法自然。每个武术师都须
秉道而行。

■ 原本一样

武者有两个徒弟。一次,他们看到屋里飞进一只蜜蜂,蜜蜂努力地朝
窗外飞,却被窗上厚厚的玻璃挡住了,一次次徒劳地摔下来。

徒弟甲说:"这只蜜蜂真是愚蠢啊!既然知道这个方法行不通,为什么
还要作努力呢?它这样做即使一辈子也不可能成功。"

他从中得到领悟:世上武功千万,但不是我都可学尽的,不能强求,学
不来的该放手时就放手。

徒弟乙说:"这只蜜蜂真顽强,它那么勇敢,失败了也不屈服。"

他也从中得到启示:看来我习武时还是不够坚持啊,以后须像蜜蜂那
样,锲而不舍,败而不馁,百折不回。

于是,两人争执起来,谁也说服不了谁。

最后,他们只好去找他们的师傅来评理:"我们的观点,究竟谁的才是
正确的呢?"

武者说:"你们谁都没错。"

两个徒弟不解,怎们两种观点都对呢?难道是师傅故意做好人,不让
我们再争执了?

武者早就看出他们的心思,他笑着拿出一块大饼,吩咐他们把大饼从

中切开。徒弟二人照做了。

武者问："两个半块饼,你们说哪半块好,哪半块不好?"

他们回答不出来。

武者说："你们总是看到相异的地方,而没有看到相同的地方,形式上的不同,掩盖了质的统一。"

徒弟二人一下醒悟过来了:一个事物的两个方面,本来没有绝对的是非问题。

对武学的探索,如同去往罗马的道路,何止千万,却都是殊途同归。

逐梦箴言

万物本就不存在绝对的问题,武学亦不例外,学武没有非此即彼,我们有的时候在武术的修习上偏执也许是把我们导向错的路径。从容去看,万物一理,武道天然。

知识链接

什么叫气沉丹田

按道家的说法,丹田在脐下一寸三分处(也有讲在脐下三寸的腹内),简单地说,就是在脐下腹内。要把体外的空气通过呼吸道引入丹田是不可能的,因为呼吸气只能通过呼吸道出入于肺脏,横隔膜阻断了呼吸气下行入腹的去路,所谓"气沉丹田",是指练习武术或气功时,在采用腹式呼吸的基础上,用意识引导气感继续下行而获得的一种对丹田的刺激。此外,并能使人体重心略为下降,步架稳沉,有助于改变上实下虚的现象,取得清脑健身的效益。

■ 蚂蚁的启示

习武者很容易走进偏执中,此路不通,客观情况约束我们,有力不得施展,那我们就不能只在原地踏步不止,那样秋月春风不相待,我们只能空叹时不与我,负了韶华,空度流年,武技却没有丝毫增进。

蚂蚁,自然界的小生灵,带给我们很多启示,比如团结,比如吃苦耐劳,但这里我们来看一个关于蚂蚁的另类故事:

两只蚂蚁想到墙那边去找食物,一只蚂蚁顺着墙往上爬,刚爬到一半就掉下来了,如此反复了几次。另一只蚂蚁看到这种情况,就绕过墙到了另一边,等到第一只蚂蚁爬过墙时,那只蚂蚁已将食物吃完了。

逐梦箴言

这种事不仅发生在头脑简单的蚁国,在我们发达的人类社会里也屡见不鲜:一些武术家一味地总结自己的成功经验,结果让自己以后的成就与以前的成就一个风格,毫无创新,毫无新意。这难道不是一种不放弃的悲哀吗?而后一个蚂蚁,可以说放弃就是新的突破,是超越自我的前提。轻言放弃是弱者,不言放弃是愚者,懂得如何放弃才是智者。看清前路,与天地相合,别执拗自己,错过了风景,而后悔慨叹不已!

我的未来不是梦

■ 其实都是浮云

日本近代有两位一流的剑客，一位是宫本武藏，另一位是柳生又寿郎。当年，柳生拜师宫本。学艺时，对宫本说："师傅，根据我的资质，要练多久才能成为一流的剑客？"宫本答道："最少也要十年吧！"柳生说："哇，十年太久了，假如我加倍苦练，多久可以成为一流的剑客呢？"宫本答道："那就要二十年了。"柳生一脸狐疑，又问："假如我晚上不睡觉，日以继夜地苦练呢？"宫本答道："那你必死无疑，根本不可能成为一流的剑客。"

柳生非常吃惊："为什么？"宫本答道："要当一流剑客的先决条件，就是必须永远保留一只眼睛注视自己，不断反省自己。现在，你两只眼睛都只盯着剑客的招牌，哪里还有眼睛注视自己呢？"柳生听了，满头大汗，当场开悟，终成一代名剑客。

逐梦箴言

每一个成功的武术师都向往最高的武技，这本就无可厚非，只修行武技是不够的，还应看到你自己，看到你在这天地时空的位置，看到如何与天地合而为一。

■ 坚持宁静

一位散打冠军在各种荣誉纷至沓来之际，却觉得自己距离最高的武学

境界还有咫尺之近，想要迈进，却总是不能如愿以偿。思虑再三后，决定向一位禅师求教，求老禅师指点迷津。

老禅师告诉他："想要再进一步可不是一般人所能做到的，需要超过常人的耐力。

冠军说："没什么的，如果说我没耐力，那么天下就没有谁可以称得上有耐力了。"

老禅师微微一笑："好吧，我考考你，看你能不能坚持下去。"

他指着一块非常软的垫子，示意冠军坐下。

冠军照着做了，但是不到半小时，冠军就如坐针毡，他不得不站了起来。

"为什么我能连续打几个小时，却不能连续坐半个小时？"冠军问。

"这是因为坚持宁静比坚持运动更难，施主请回吧。"老禅师答道。

逐梦箴言

要想无限接近天人合一的宁静意味，就要坚守某种孤寂，某种百无聊赖，这样方可达成禅定之境界，天上地下，物我两忘！

■ 秘诀

小时候，和小伙伴们在一片树林子里玩捉迷藏，遇到过这样一位让我不能忘记的放羊老人。

那是一片茂密的林子，树冠大而枝叶繁盛，常常一个人藏起来，别人半天也不容易找到。那天，一个小伙伴藏起来，我们正要去找，放羊老人一把

拉住我们,告诉我们一个在树林里玩捉迷藏的秘诀。

他说,别人藏起来以后,不要急着去找,先爬到一棵高树上看看,哪里有鸟扑棱棱飞起,那人就一定藏到那里去了。同样,藏起来的,要注意地上的动静,如果哪个方向虫鸣一下子停止了,那就意味着找的人已经从那个方向来了,你该想着换个地方……

逐梦箴言

每个人都玩过捉迷藏,而那一刻,你是否有一种醍醐灌顶的感觉。在武术师迈向巅峰的路上,老人简单的话语说明了一个最颠扑不破的道理:无论你身手多么高明,想在自然界掩藏身形,就要试图做到与天人合二为一。

■ 枝繁招风

小时,一个夏秋相交的午后,家门口的一棵柿子树被一场罕见的大风拦腰折断了。那棵树枝繁叶茂,果实累累,所以很是让人心痛。我问正在对树叹息的祖父,冬天风也好大啊,还那么冷,它怎么就没被吹断呢?祖父说,这树毁就毁在枝叶太旺,招风啊!随着经历渐多,我才慢慢体会到祖父话中的意味。

柿子树在夏秋之际的断折,是因为它在最繁华的时节,背负了太多的沉重。而在深秋或寒冬,华叶落去,果实卸下,生命归于简单而平静,在面对风霜雪雨的袭击时,就显得无畏无惧,宁静泰然了。

逐梦箴言

习武何尝不是如此？习武的智慧，有时就是一种去繁就简
的境界。就是在天地面前，顺势而行。

■ 习武的终极目标

习武究竟为了什么？看似简单的问题，却难以给出应有的答案。仁者见仁，智者见智，不同立场的习武人群，对习武目的却有着不同的见解。有的人认为是防身，有的人认为是健身，还有的人认为是修身，云云。

习武目的或目标，一直是人们关切的热点话题，对于这一问题的认识，有利于我们摆正立场，来看待或从事武术练习。因此，有必要对习武目标进行深入、全面的讨论。

对于人们习武目标的界定，依据年代、年龄、性别、职业、社会背景、经济概况、习俗等因素的不同，而有所不同。因此，当我们听到习武人对于习武目的的回答不同就不足为奇了。

在人们眼里，习武可以满足人们的不同需求，可反映出武术博大精深的一面。

人们习武有的为了防身，有的为了健身，有的为了养身，有的出于爱好，有的为了比赛，有的为承担传承的责任。那么，我们如何来看待这一状况呢？

审视这些习武目标，可映射出习武目标的多元性，同时这种目标还具有层次性。

现试着从习武目标的层次性来阐释习武的终极目标。

我的未来不是梦

不同年代,不同年龄、不同职业人群对习武的目标追求不同。在冷兵器时代,习武首要的目标莫过于防身,为生存而战争;现代的老年人习武无非为健身,而职业习武人员(武术专业训练)无非为比赛,取得好名次等。

其实,当我们留心那些真正长期、热爱习武的人时,我们可以发现,他们的追求是一种修养,是一种道德的修养,是武德的教化。

古人云:"文以评心,武以观德"。可以看出,武德的修养是极其重要的,而且武德高低反映出习武水平的高低,以及已达到何种境,反过来,习武的目的是一种修养、教化的过程。无论练习到何种程度,都是对自己一种完善。

在传统武术训练中,老拳师们常提到以有招化无招,无招胜似有招等类似的拳谚,同时,这也是我们在传统武术训练时所追求的一种终极目标。

武术常以文化内涵丰富而负盛名。那么,这种武文化如何再现,却是习武人所关注的。武文化的再现应是习武者所感受与体验的,人们迷恋于、折服于武文化,往往是对武术动作、武术内涵的体验,并陶冶于武文化之中。这种对武文化的体验、享受、追求是习武者的动机,是习武者一生的追求。

道家的无为与内外兼修,儒家的入世情怀,易家的神形兼备等思想渗透于武术,我们在掌握了武术外在的物质层面(技术)后,更要上升到精神的层面,武术上层的境界,才是武术的真谛。武术修为是达到武术上层境界的途径,而这种修为是习武者一生对武术的追求与向往。

现如今,对于竞技武术而言,似乎更侧重于比赛,追求"高、难、美、新"的技术趋势。其实,这种习武的追求,也是一种修养,这种潜移默化将会影响习武者的一生,顽强拼搏、自强不息、勇于挑战,将会成为习武者未来立足社会的资本。没有不倒的江山,竞技武术冠军注定是短暂的,因此,武术冠军的真正资本将是那种精神的熏陶,文化的素养。因此,我们应侧重技术背后的一种修养。

逐梦箴言

习武目标是多元的,同时也是有层次的。审视这些目标,可以断定,习武的终极目标是一种修养,是一种对人生真谛的感悟。

知识链接

内六合,外六合,内外相合益处多

这里的六合包括内六合与外六合。外六合指背与肩合,肩与肘合,肘与手合,腰与胯合,胯与膝合,膝与脚合。习练之时,手一伸,背催肩,肩催肘,肘催手,脚一进,腰催胯,胯催膝,膝催脚。这便是发力的顺序。无论是演练还是技击,外六合都是至关重要的原则。内六合是指脑与心合,心与意合,意与气合,气与力合,力与筋合,筋与血合。脑子可以产生意识,意识可以导引气的流通,气可以促使劲力的顺达,力可以使筋骨坚强,筋骨坚强便使身体的血充足。

列子说射艺

列子在伯昏无人(战国年间黄老学派的代表人物之一)面前表演他的射箭技艺,只见列子将弓拉满,让人把一满杯水搁在引弦的臂肘上,然后快速连射而杯水不溢,令旁观者目不暇接、叹为观止。这时,伯昏无人徐徐说道:"你这是'为射而射'的技术,还没有达到'不射之射'的境界。我来和你

一起到那边的高山危岩之上、百仞深渊之前,看看你的射箭本领到底如何?"于是两人就一起登上了那座高山,伯昏无人攀上了顶峰的那块危岩,下面就是那深不见底的百仞深渊,他背对着深谷自如的走动着,脚跟已有一半悬踏在岩石外的虚空而面不改色。伯昏无人对着列子拱拱手,请他过来表演射箭。

列子见此情状魂飞魄荡,跪伏在地,满身是汗,惭愧不已。这时伯昏无人说:"那有修为的真人,可以上窥青天,下潜黄泉,挥斥八极,而神气不变。而你现在心惊胆战、目眩神摇,要在这种情形下做到百发百中恐怕是很难了。"

逐梦箴言

伯昏无人对列子射艺进行指点时,伯昏无人没有教他具体的技艺和有形的东西,而重在心性上的点悟。伯昏无人看到了列子在技术上已有一定造诣,但在心性和意志上还没有经过磨炼后才能达到更高的层次和境界,也即是与外界圆融为一,采用了考验其心性极限的方法,启发他必须要去掉后天的怕心和对有为技艺的执著,从而达到一个更高的技艺境地。

■ 剑与天地

武者仗剑天下,为国纵横,"一身转战三千里,一剑曾当百万师"。(王维《老将行》)。剑的豪情也总伴着女性的温柔:"美人如玉剑如虹""红颜为君尽,饮剑王前死"。

《庄子·说剑》篇:"天子剑"——天子之剑以燕溪石城为锋,齐岱为锷,晋魏为脊,周宋为镡,韩魏为夹;包以四夷,裹以四时,绕以渤海,带以常山;

制以五行,论以刑德;开以阴阳,持以春夏,行以秋冬。此剑,直之无前,举之无上,案之无下,运之无旁,上决浮云,下绝地纪。此剑一用,匡诸侯,天下服矣。此天子之剑也。"这天子之剑,天地皆可入其中,无所不包,无所不容。

逐梦箴言

"万里风云三尺剑,一庭花草半床书。"仗剑走天涯,或惩恶扬善,或归隐江湖。舍身取义、行侠江湖。武者用剑,携天风海雨而来,与天地圆融如一,与时空交错相通。物我两忘,神游八极。

智慧心语

世界上的一切都必须按照一定的规矩秩序。

——莱蒙特

苟日新，日日新，又日新。

——《礼记·大学》

各美其美，美人之美，美美与共，天下大同。

——费孝通

第七章

武术师存在的奥义
之实力为王

◎导读◎

　　"虎啸深山，鱼游浅底，驼走大漠，鹰击长空"是一种极致，习武也应该达到一种极致。一个人的实力有大小，江湖比试总会见高低。对大多数人来讲，最头痛的问题就是自己实力匮乏，想成名立业，常常是力不从心，半途而废。怎样解决这个问题？首先必须提高自己的实力，你必须倾尽你的时间和精力投入到自己的实力的提高上。结果会怎样？结果你会发现自己越来越强大，距离自己的目标越来越近，梦想再不是往日的镜中月、水中花，而是变得触手可及。

■ 李小龙之龙力量

　　每当我们在银幕上重温李小龙的超炫武技，并为之击节叫好之时，当我们看到在其离开我们近 40 年后，我们依旧怀着无比仰慕的心情讲述这条"龙"辉煌之过往，无论他的师长，还是他的弟子，不管是他的朋友，或是他的对手，都对之赞誉有加，这一切背后的基石是什么？

　　你知道吗？

　　他以 62 公斤体重可以击出 159 公斤沉拳。

　　他舞动双节棍可以击出 726 公斤的力量。

　　他可以把一个身穿护甲的壮汉踢飞 20 米。

　　他可以把 34 公斤的杠铃直臂水平前伸，收回，再伸出静止控制 20 秒。

　　他可以轻松把手指插入一罐未开封的可口可乐。

　　他可以用侧踢把一只 45 公斤的沙袋踢破。

　　他可以把约 135 公斤的麻袋踢到天花板高度。

　　他创立了截拳道。

　　他将 kungfu 一词写入了英文词典。

　　他开创了功夫片并且将中国功夫带向世界。

　　他是首位成功打入好莱坞的华人。

　　他让双节棍风靡全球。MMA（混合格斗）之父，UFC 起源者。

　　美国人称他为功夫之王，

　　日本人称他为武之圣者。

我的未来不是梦

127

泰国人称他为武打至尊。

这就是"龙"的力量,威势所在,披靡臣服。

美国空手道之父艾迪·帕克对李小龙的截拳道推崇备至,称"他的拳术简直太神了!"

美国世界空手道冠军鲍勃·华尔说:"李小龙的前臂异常发达,而且还拥有一双铁拳和十只钢指,真是太可怕了。"

美国奥林匹亚健美先生多里安·耶茨说:"李小龙浑身每块肌肉是如此结实,击出的力量是如此的可怕,他是一个难以置信的人。"

美国多届空手道冠军得主邱克·劳力士在电视里向亿万观众表明,李小龙是他的老师,他说:"李小龙是奇异人物。"

号称"美国柔道之父",曾荣获多届世界柔道、柔术冠军的肯尼·拉贝尔说:"他的出击速度比一般人快两倍,他的拳术、步法和他的踢技确实超群……如果说有武者为王,小龙则是王中之王……他是那个时代里最出类拔萃的顶级高手。"

拳王穆罕默德·阿里说:"李小龙是个伟大的人。他是那一领域中最为杰出的。我希望我能遇到他,因为我的确喜欢他的武术。他超越了他的时代。"

"美国跆拳道之父"李峻九回忆道:"让我告诉你,这小伙子确实无与伦比,我用跳踢踢碎了四块木板,而几天后,他将凭空落下无所依凭的四块木板一记侧踢就把它们踢碎。我简直不敢相信这是真的。"

前世界空手道冠军路易斯·迪尔格达则认为他与李小龙的切磋是一种恐怖的经历:采取防御吧,只能被动挨打;主动出击吧,只能换回更严厉的反击。"李小龙是一道不可逾越的障碍……尽管我是一位世界冠军。"

逐梦箴言

　　没有什么语言可用来诉说这样一位武学大师,当"龙"在傲视群雄的时候,我们切莫忘了这都是龙的力量所致。实力决定一切。

知识链接

什么是外功

　　指习武者经过专门的系统训练,使身体表皮部分具有比常人较强的抗击力和抗磕碰的能力,达到外壮的效果。

没人会踢一条死狗

　　曾有一位年轻人,出身寒微,没有显赫的身世,依靠自己的努力与拼搏,在二十岁时就问鼎了职业拳击赛的冠军。这时各种攻击像雨点般落到了他的头上,有人对他的父亲说:"看到报纸对你儿子的批评了吗? 真是令人震惊。"而他父亲却平静地说:"我看见了,真是尖酸刻薄。但是记住,没有人会踢一只死狗的。"

　　如果你被人恶意无休止的攻击着,而你还能毫不在意,这也意味着你已经拥有了别人无法拥有的实力,并因此获得了成功,而且还广受人注意,更说明他们的世界里已经少不了你。而你也拥有了潇洒应对这一切暴风雨的能力。

我的未来不是梦

129

你的备受瞩目,使你遭遇平常人难以忍受的苛责,而这皆源自你的实力,将你推到这个位置,而你需要做的就是等待尘埃落定,因为一切荒诞不经的东西都会随雨打风吹去,你的实力最终将证明你的不可或缺。

逐梦箴言

有能力在的人,会把地狱变成天堂。虽然嫉妒会追随而来,但也很快会随风而去。

知识链接

练功先练桩,大鼎增力量

大鼎指倒立。拿大鼎,可使肩宽、身轻、腰韧、臂力强。大鼎是各种翻滚扑跌动作的基本功。拿大鼎是要"耗功",倒身而立,越久越好。

■ 水到高处为瀑布

瀑布的壮丽情景,我们都在影视作品或者现实生活中见识过,飞流直下的气势震慑人心,看者无不心旌动摇,可要成就这一番似天上而来的水势,水的力量的积蓄却是非常人可以想象。我们都知道,平缓的河流是激不起大的波涛的,水流只能宁静向前,陆地是不能赋予它强大的能量的,它要把自己变成瀑布,想要活跃与汹涌的展示它的魅力,它就需要向前,走过崎岖坎坷,抬高自己的高度,还要经得起摔打和挫折,遇到悬崖和绝壁,不

畏惧、不退缩、不回避，一往无前地去克服困难，去战胜挫折。

而高度更是决定水能否最终形成瀑布的根本所在，水漫流至高处，倾泻而下，展现在众人眼中的是万马奔腾的无敌之势，声如巨雷响不绝。

逐梦箴言

提升自己吧，当这是需要我们攀登绝顶，你做峰时，未曾有浮云遮你双眼，千山匍匐于脚下，睥睨天下，舍我其谁。

知识链接

什么是内功

指习武者经过专门的方法训练，以提高精、气来达到身体内壮的方法。

■ 空手道之刚柔流

在日本众多武术门派里有一具有明显中国南拳特色的空手道流派，即刚柔流空手道。该流派的创派始祖叫东恩纳宽量，22岁从日本冲绳来到中国福建省寻访名师学习中国武艺。其在中国学武期间，遭遇重重艰辛与困境，语言与生活习惯的差异都被他以强大的意志力克服了，最终得偿所愿，拜于鸣鹤拳宗师谢宗祥门下，学习鸣鹤拳。东恩纳宽量在中国前后习武十五年，才拜别师傅返回日本冲绳那霸市。东恩纳先生返回冲绳后，就

我的未来不是梦

全力发展和推广从中国学习的武艺，尤其是三战拳套路，当时跟东恩纳习武的人很多，但出于他的训练严格和要求极高，所以大部分学生只能坚持短时间学习后就停学。当时一位 14 岁少年名宫城长顺，为人刻苦自律，终于成为东恩纳先生的入室弟子，完成所有学习课程，并一同将那霸手发扬光大。1915 年，东恩纳先生仙逝时 63 岁，从此那霸手系就传给了这位自律性极高的青年——宫城长顺，成为一派宗师，宫城长顺跟随东恩先生习武已达 15 年之久。

又是一个 15 年，岁月的流去，给这两个空手道高手以砥砺，让其在 15 个年年岁岁过后，绽放了傲人的光芒。以自身强大的实力立于所学武技的巅峰，成就了一个武学佳话。

逐梦箴言

世界知名的空手道，自创立伊始，不断有高手涌现，已成为世界武术的一个非常重要的流派。而这一切的荣耀，皆是空手道高手用他们的实力打造的。

■ 大师的新生

一位武术大师曾经以一双迅猛无敌的快腿令武术界人佩服得五体投地，威震武林。

在一次上山采药的时候，武学大师不小心踩空悬崖，虽然命是保住了，但是双腿却齐刷刷地摔断了！一向以腿脚功夫威震武林的武学大师此时连站立和行走都成了问题，过去迅猛无敌的快腿，此时只留下一双空的裤管。

等到武术大师从昏迷中彻底清醒过来时，弟子们几乎不敢告诉他这个惨痛的消息，他们甚至不敢想象师傅看到一双空裤管时会有怎样的反应。可是当大师看到一双空裤管时，他没有像弟子们想象的那样慌乱，更没有捶胸顿足地表达自己的痛苦和抱怨命运的不公。他让弟子把自己扶起来，平静地吃下一些饭菜，然后就像过去一样坐在那里练习内功了。练习完内功，看着一脸茫然的弟子们，武术大师说道："我想说两件事：第一，以后谁还想练腿脚功夫我还会像以前一样认真教导，只不过很难再亲自示范了；第二，从今天起我要练习臂掌部的功夫，我相信自己不会因为失去双腿而变成废人，你们也不必因为师父失去双腿而放弃在武学上的修炼。"

几年以后，这位武学大师以其出色的掌上功夫赢得了更多人的敬仰。

逐梦箴言

过去已然过去，你必须敢于面对你面对的境况，你终究不可能永远天下无敌，如果上苍要降下灾祸你仅需领受，然后走过去，再起炉灶，你会发现新的坦途又摆在你面前，创新的伟大就在于此，伟大武功的诞生也藉此绽放光芒。

知识链接

外家拳

武术流派的说法之一。"外家"说法始于清康熙八年（1669年），黄宗羲为王征南撰写的《王征南墓志铭》说："少林以拳勇名天下，然主于搏人，人亦得以乘之。有所谓内家者，以静制动，犯者应手即仆，故别少林为外家……"然而，少林拳家和一些武术家对此说法持不同观点，认为少林拳是内外兼修的拳法。

我的未来不是梦

■ 尚格云顿

当你在 20 世纪 80 年代的空手道赛场上看到一个漂亮绝顶的"360 度回旋踢"时，那是一个被称为"来自布鲁塞尔的肌肉"的男人在为你表演。

尚格云顿小的时候，由于身体非常虚弱，家里想了许多办法，让他强健身体，后来他无意中看了中国的功夫片，就热爱上了中国武术和李小龙。父亲就决定让他学习武术，以便改善不太健壮的身体。

他在 11 岁时开始了武术生涯。开始学习的是一种日本空手道，之后又学习跆拳道和泰拳。学习之艰辛自不必提，日复一日，年复一年，尚格云顿的资质让他很好地弥补了体质上的不足，武技更是突飞猛进。

在他 18 岁时即击败群雄，他用他的"360 度回旋踢"压倒所有对手，在 1980 年年仅 20 岁的尚格云顿战胜了世界第二号空手道选手从而取得了欧洲职业空手道联盟联赛的中量级冠军。从而成为享誉世界的武术界大师。

逐梦箴言

这位世界搏击界的精英，创造了一个又一个神话与辉煌，这都源于他无人匹敌的实力，让这神话和辉煌成为了可能。

知识链接

抬腿轻，落地松，踢起腿来一阵风
踢腿时，大腿不用僵力，这即是抬腿轻；落腿时不能沉重，要控制住落点和力量,叫落地松;一步一腿要紧紧相连,每起一腿都要讲求速度和劲力,大腿带小腿踢起,有一个加速度,这便是踢腿一阵风。这种踢法,可以有效的提高腿部柔韧、力量、速度、灵敏等方面的素质。

民间高手

孙禄堂拳打大力士

1909 年的沈阳城,清王朝的统治岌岌可危,洋人的气焰颇为嚣张。是年,俄国及欧洲格斗冠军、大力士、拳击家、柔道家彼得洛夫途经沈阳,在沈阳摆下擂台,并夸口天下无敌,拳打中华武林。

闻听此言,有一个人义愤填膺,此人便是当时东三省总督徐世昌的幕宾孙禄堂。孙禄堂是中国著名武术家,他曾从李魁元(一作"垣")、郭云深学形意拳,从程廷华学八卦拳,从郝为桢学太极拳。后来他以太极为基础,融会三家之精髓而创孙式太极拳,在国内外均享有"虎头少保,天下第一手"的盛誉。

孙禄堂听说了彼得洛夫的狂言后,决定前往打擂。而擂台上的彼得洛夫,身材高大、肌肉块块隆起,站在擂台中央宛如一座铁塔。他为了显示武功,把铁链套在身上,一运功,即把铁链节节崩裂。

正当彼得洛夫口出狂言时,孙禄堂跳上擂台应战。彼得洛夫见孙禄堂是个文弱书生,便没把对手放在心上。两人约定,彼得洛夫先打孙禄堂三拳,孙禄堂再打彼得洛夫三拳。彼得洛夫用足劲,第一拳打在孙的小腹上,没有反应;接着又猛击两拳,孙禄堂仍如泰山一般,巍然不动。原来孙禄堂用的是气功,把气沉入丹田,故小腹坚硬如石。

按理,彼得洛夫打过三拳后,轮到孙禄堂打彼得洛夫了,但彼得洛夫慌了手脚,于是,企图作垂死挣扎,就怪叫一声,扑向孙禄堂,孙禄堂见他来势

凶猛，就运用内家拳的化劲法把它化掉了。这样，你来我往，只几个回合，彼得洛夫就被孙禄堂一拳打下了擂台。台下掌声雷动，高呼打得好！这一战在当时大长了中华民族的志气！

李光普授功击石猴

"随意伸出一只手，没人能推动半分，与人动手只能用三分劲，再多出一分劲，就会要人命。"这就是当时老沈阳人对武林高手李光普功力的评价。

沈阳可谓是八卦掌的"老窝儿"，而李光普正是最早挟八卦掌绝技出关并传播于东北地区的侠士。清末民初，东三省总督徐世昌聘请李光普为奉天(即沈阳)探访局局长(相当于现在的公安局局长)。

当时，沈阳太清宫有一名叫李凤久的人精通拳剑，自称没遇过对手。而李光普与他搭手问掌，只稍一发劲，就将其打得跌倒吐血。李光普传下来了练习掌力的功法，名曰"打颤板"，取厚松木板一块埋于树下或墙根前，以八卦掌法击之，日久功夫自深。据说，李光普的掌心凸起皆因"打颤板"练成。而"打颤板"的功法也被沈阳武林界的众多门派借鉴。

李光普有个徒弟叫英师久，他问李光普自己的功夫练到什么时候才能差不多，李光普指着当时小河沿门前青石拴马桩上的几百斤石猴说："你什么时候能把它打下来也就差不多了。"于是英师久跟着师傅练了一年，一年后真就一掌把石猴打了下来！

陈明洁运气挡铁腿

太极十年不出门，心意一年打死人。此处"心意"乃心意拳是也。心意拳以山西戴家为正宗，而戴家心意拳传人中功夫最深者姓陈，他就是辽宁武林中赫赫有名的陈明洁。陈明洁从不在大庭广众前练拳，行事更是出人意料，来无影去无踪，实为大侠风范。

一日清晨，有人请教陈明洁太极剑的用法，陈明洁找来两根树枝当剑，两人各持一枝，陈明洁说："你可以用最快的速度，用任何招式来进攻。"

对手身形一晃，剑就直接进来了，陈明洁的身腰步形一丝没动，手一抬就粘住了对手的树枝，对手刚一动剑的念头，陈明洁手一扬，就把对手两脚离地连剑带人凌空粘了起来，陈明洁的这一手法赢得了周围练家的一致赞

叹：用剑粘剑已属不易，用树枝粘剑更难，而用树枝粘树枝则闻所未闻，因为一是树枝软，二是有弹性，一点外力都用不上。

陈明洁已年近 80 岁时，有一位在辽宁武术界颇具声望和地位的人物，以某一门派掌门人的身份到家里向陈明洁"请教"。这位练了 50 年功夫的高手，先以拳法向陈明洁"请教"，被陈明洁以戴家心意拳中崩拳的压、搓、顶技法弹出后，来人问："能不能用腿？"陈明洁知道他练了一辈子腿，就说："两人交手还分拳脚吗？"那人抬腿就踢，腿上的功夫十分了得，眼看就要踢到陈明洁的身上，在这一刹那，只见陈明洁的身子微微一颤，那位掌门人就被从屋里弹到了厅堂。

王庆斋一剑定乾坤

20 世纪七八十年代沈阳市太原街的生生照相馆橱窗里，悬挂着一幅老者的肖像。飘逸的长髯、炯炯的双目、鹤发童颜的气质令人心生赞叹：好精神的老爷子！这就是人称"王大胡子"的辽宁省武术协会原副主席、螳螂拳大师王庆斋。

王庆斋 1906 年生人。少年时期学习地功、长拳等，后拜各地名师学习七星螳螂拳、少林螳螂拳、杨式青萍剑、罗氏断门枪。32 岁那年，王庆斋在沈阳设馆授徒。那个年代从事职业武师的工作也不是轻而易举的，需要由沈阳武道振兴会对申请人的拳、刀、枪、剑、棍等方面的能力进行严格考核，确认资格后方注册发照，申请人才可以开设武馆，即俗称的"拳坊"。

话说 1947 年，在沈阳举办了一场规模宏大的东北武术擂台赛。王庆斋独步擂台之时，一个很有势力的拳师纵身跳上前来。三招两式，王庆斋便以竹剑多次点中对方手腕，哪承想裁判却佯装"没看到"。王庆斋情急之下，一招"枯树盘根"斩断了对方跟腱。看到对方瘫倒在地，王庆斋把竹剑一扔，冲裁判喊了句"这回你们看到了吧"，就飘然下台去了。全场为之愕然，继而议论纷纷。大会最后评判王庆斋获胜。

虽说武功盖世，当上辽宁省武术协会副主席的王庆斋待人却越来越懂礼节，言谈举止亦很儒雅。时常有人找上门来较量，王庆斋从不轻易动手，动手也是点到为止。比如讲擒拿，王庆斋就说过，"擒拿莫轻用，轻了你不

英雄谁属

信，重了就伤人，还是各自练练吧。"

蔡桂勤鸡毛掸子击败日本剑道

在前文中我们提到过蔡桂勤先生，也发生过一件事。在 1941 年一个秋天的晚上，有三个擅长剑道的日本人去找他的麻烦，为首的名叫矢野光成。这边空地上，学生们正在练着拳脚，一见老师和三个日本人到来，便都停止了锻炼。矢野光成抽出他的利剑，叫跟随他的人拿一根碗口粗的木头竖立在凳子上，他双手举剑，断喝一声，挥手朝木头劈下，顿时把木头劈成两半。这是显露他的剑力，想把蔡桂勤镇住。此时，蔡桂勤先生倒攥着鸡毛掸子微笑着说："别弄那把戏了，请先生赐教吧！"矢野惊异地问道："你怎么不拿剑呢？"蔡桂勤答道："和你这样的剑道家比试，鸡毛掸子就足以应付了。"随后，两人凝神静气，比试就开始了。矢野双手持剑，"呀"的一声，步随声进，剑随音落，身步剑气凝成一体，朝蔡桂勤头顶猛劈下去。蔡桂勤不慌不忙，在利剑快要劈着头皮时，方始将身躯向右侧转，使剑向地面沉下，顺势一翻手腕以掸代剑"苍鹰旋翅"横抹对方颈项。矢野急忙后撤，蔡桂勤紧贴着对方直把矢野逼到墙根，使他再也无法动弹。蔡桂勤先生讥讽地说："矢野先生，你怎么那么小气，不肯把日本剑道的精髓赐教给老朽呢？再试一回，务请大方一些。"

两人稍息一会儿，再次交手，几招过后，蔡桂勤"仙人指路"用鸡毛掸子"蜻蜓点水"点击对方腕部穴位，只听"铛啷"一声，矢野光成撒手丢剑，随即羞得满脸通红。蔡桂勤急忙将剑拾起递给矢野，说了声"老朽失手，多有得罪。"他请对方再较量一次，矢野光成说什么也不再试了。

到这时候，矢野光成才不得不佩服中国的剑术自有它精微之处，不像先前听说的那样仅流于花式而已。临走之时，矢野光成把他的那把剑硬是留下来给蔡桂勤先生作为纪念。

逐梦箴言

　　每个故事都似传奇一般,看过之后,习武之人不禁心驰神往,何时也能这般江湖叱咤,浮云来去。可俗语讲:"没有三把神沙,不敢倒反西岐",在每个潇洒的转身背后,都有强大的实力支撑着,想真正笑傲江湖,那就赶紧提升你的实力吧。

知识链接

内家拳

　　武术流派的说法之一。"内家"起始与"外家"相同。黄白家在《内家拳法》中详述了内家拳法的内容,其中有应敌打法、穴法、所犯禁病法、练手者三十五、练步者十八,而总摄于六路和十段锦中等。晚清时有人把太极拳、形意拳、八卦掌统称为内家拳。

智慧心语

拼着一切代价,奔你的前程。

——巴尔扎克

实力,意味着目标不断前移,阶段不断更新,它的高度在不断变化。

——雨果

会当凌绝顶,一览众山小。

——杜甫

不畏浮云遮望眼,只缘身在最高层。

——王安石

生命里最重要的事情是要有个远大的目标,并借才能与坚毅来达成它。

——约翰·沃尔夫冈·冯·歌德

第八章

红尘中为何要有你的传说

◦导读◦

　　墨子行侠，孟子正义，才有了后世的"行侠仗义"这个词。侠之大者，为国为民。司马迁撰写《史记》时特辟《游侠列传》，赞朱家郭解，诵侠义，这是召唤正气与正义。正如金庸的武侠小说中的郭靖。此《春秋》大义，由来已久，历代皆如此，天不变道亦不变。唯其如此，功夫才能世代流传，才俊辈出，前赴后继，终成红尘中不朽之传说。

■ 一代雄主——赵武灵王

在赵武灵王身上我们能看到中国古代君主中最强大的尚武精神，赵武灵王因他的赫赫武功得以彪炳千秋，名载史册："中山者，春秋之鲜虞赤狄最大部落也……使中国百年无宁息者，此族也……为中国病者已三千年……至武灵王乃犁其庭而扫其穴也。吾以为靡赵武灵王，则五胡之祸，竟见于战国之际，未可知也。故武灵王实我族之大功臣也。"没有赵武灵王，汉族江山何在？五胡之乱早早就来了，赵武灵王驱异族拯国难壮国威的历史功绩，再者武灵王向异族学习，实行胡服骑射，一扫汉族长衣冗带虚名好功的颓废之气的先进眼光与雷厉风行的措施，"举朝实行胡服，得地改为骑邑，其所以振厉尚武精神者至矣。率能大张军国主义，收不世之功，若于中国求斯巴达，则其时之赵当之矣。"且一代雄主武灵王为了解敌情亲自去敌营刺探，"乃至微服冒险入秦庭，倏忽而来，倏忽而逝。呜呼，武灵王其犹龙乎？"此等君主可与之比肩者鲜矣！

康梁维新的主导者之一的梁启超先生盛赞赵武灵王是"自黄帝以后，数中国第一雄主。"

逐梦箴言

慷慨赴国难，视死忽如归。

未学功夫,先学跌打

跌打,是跳跃、腾空、翻滚、扑跌等技巧动作的总称,包括吊毛、枪背、空翻、侧翻、滚地雷、仙人跳、鲤鱼打挺、狸猫上树等许多招式动作。跌打也是武术基本功之一。练跌打既可以提高身体灵巧的素质,还可以增强练习高难度动作的能力,既可以奠定练习地躺类拳术的基础,还可以加强演习或交手过程中的自我保护。

西楚霸王项羽

项羽,名籍,楚国名将项燕之后。在秦末群雄逐鹿之时,项羽在出道一战即惊天动地,在雍丘(今河南杞县)于万军之中斩杀秦三川郡(治雒阳,今洛阳 市白马寺东)守李由,秦军大败。由此开始其虽短暂但却辉煌灿烂的军事生涯。

在河北巨鹿(今河北平乡县城西南的平乡村),项羽帐中斩杀了怯懦的主将宋义,随即命令军士凿沉渡江用的船只,打破吃饭用的铁锅(破釜沉舟一词由此而来),身上只带三天干粮,军士们个个以命相抵,士气大振,大破秦军。进军关中,睥睨天下,分封诸侯。

而后鸿门宴,楚汉相争的大幕缓缓拉开,几番征战,继而垓下之围,陷入困境,只好霸王别姬,率军突围,我们看到西楚霸王最后一次华丽上演作为武技绝伦、力可扛鼎的不世出的将军的决绝场面——东城快战。

《史记》中这样记述:项羽骑上马,选了800人,趁着夜晚突围向南,天亮后,汉军发觉项羽离去,于是灌婴率5000骑追击,等他渡过淮河,项羽随

从的骑兵只有 100 多人了，来到阴陵时，项羽迷路了，他去问一个老农，老农回答："左"。往左去，陷入了一片沼泽，耽误了时间，汉军追了上来。项羽又往东去，到达东城的一座山上，只剩下了 28 骑，项羽自忖不能脱身了，就对骑兵们说："我从起兵到现在已经八年，经七十余战，抵挡我的人都被我攻破，我打击的人都表示臣服，未尝败北，遂称霸天下，现在困于此，不是我不会打仗，而是天要亡我！今日是要决死战了，我要为诸君痛快地一战，必定要胜利三次，为诸君击溃包围、斩将、砍旗，让诸君知道，是天要亡我，非我不会打仗。"于是他分骑兵为四队，此时，汉军围困数重，项羽对他的骑兵们说："我为你们杀掉对方一将！"

于是他命令骑兵们分四面向山下冲，约在山的东面会合。项羽大呼驰下，斩杀一汉将。赤泉侯杨喜追项羽，项羽大喝一声，杨喜的人马退后数里！项羽与骑兵分为三队，汉军不知项羽在哪队，就也分三队包围。

项羽飞驰而出，又斩杀一汉将，同时杀近百人，再会合骑兵，仅损失两骑，项羽问："怎么样？"骑兵们跪倒回答："和大王说的一样。"

项羽在东城的战斗，重新鼓起他生存的希望，于是他想东渡乌江（乌江在今安徽和县乌江镇），乌江的亭长停船岸边，对项羽说："江东虽小，方圆也有千里，百姓数十万，也足以称王。现在仅臣有船，愿大王尽快渡江，若汉军追来，则无法走脱。"项羽听到这话，才知道西楚并没有失陷，巨大的内疚和对过去杀戮的忏悔之心，还有为了捍卫"霸王"的荣誉，他最终选择了战死沙场，而非过江，于是他说："苍天要亡我，我为什么要渡江呢？想当年我与江东八千子弟渡江向西，今无一人生还，纵然江东父老可怜我而尊我为王，难道我就不觉得愧疚么？"想到此，他对亭长说："我知道您是长者，我骑这马五年了，所向无敌，曾一日行千里，我不忍杀它，现在赐给您。"

于是他命令骑兵全部下马以剑迎敌，最后仅项羽一人就杀了数百人，自己也负伤十余处。这时，他看到汉军中有他过去的部下吕马童，就对他说："你不是我的故人么？"吕马童一看，马上对汉将王翳说："这是项王！"项羽说："听闻汉王悬赏千金，封邑万户要我首级，今日我便为你们做件好事吧！"于是项羽自刎而死，时年 30 岁。

我的未来不是梦

　　项羽死后,王翳取了他的首级,其余汉军为了争夺项羽的遗体,自相残杀,死数十人,最后五个汉将分了项羽的遗体,都被封侯。大汉由此而定鼎天下,而西楚霸王结束了他在这万丈红尘中美丽的表演,是不完美却又无比壮烈的谢幕!

逐梦箴言

　　项羽的故事家喻户晓,他的每个故事都精彩。虽然最后以悲剧终结,但这丝毫不影响历代人们对于他的关注,在属于他的那个时代,他缔造了无数神话,在不属于他的时代,无数人为之心驰神往,千年而下,不曾断绝。

知识链接

太极

　　古人称派生万物的本原为太极。古拳家借"太极"为太极拳命名,并用"太极"之理来说明太极拳理。

■ 大侠朱家

　　被司马迁记入《史记》,而成为中国史载大侠第一人,他就是朱家。朱大侠平生救人无数,但让他声名远扬的其实也是一位曾经闯荡江湖,绰号"千金一诺"的豪侠——季布。在秦末群雄逐鹿的大乱世中,季布投靠了号称霸王的项羽,可不幸的是笑到最后的人却是那江湖小混混刘邦。这下季布的末日到了,他可是曾几次把今天的大汉皇帝逼上绝境,刘邦今天发达了哪能饶了他,于是发布诏令,悬赏千金捉拿季布,同时下令谁若敢私藏季布,就诛其三族!

如此重赏之下谁能不动心? 如此重罚之下谁又敢帮助季布? 朱家敢! 当季布被逼无奈来到朱家府上卖身为奴的时候,朱家有感于江湖道义,毅然收纳,从而救了季布一命。可这还不算完,我们的朱大侠送佛送上天,竟亲自去见汝阴侯夏侯滕,让他转告刘邦,当年季布是项王的臣子,他与您为敌不过是尽忠职守而已。现在您刚刚坐稳了江山,就因为个人恩怨而追杀一个忠心之人,天下人会怎么看您呢? 而且季布是天下难得的人才,如果把他逼急了,他如果投靠了外国,那还不是您的大敌? 与其为敌所用,您怎么不能让他为大汉效力呢?

好一个朱家,刘邦听了夏侯滕的转述,二话没说,不仅马上赦免季布,还立刻召见,并且授予官职。朱家不避危险,急人之难,而且事成之后不求回报,终身未再见季布,当真无愧大侠之名。

逐梦箴言

无缺侠义情怀,正气、侠气、义气,你很容易在他身上感觉到。这种豪情,义薄云天。急人之所急,无论生死,两肋插刀,有谁能做得到?

我的未来不是梦

■ 李 广

李广,汉朝初期名将,文帝曾慨叹说:"惜乎,子不遇时!如令子当高帝(刘邦)时,万户侯岂足道哉!"在其人生登场时,似乎时不与我。到了汉景帝时,李广在吴楚七国之乱时,跟随太尉周亚夫抗击吴楚叛军。于昌邑城下夺取叛军帅旗,由此立功显名。又在北地、雁门、代郡、云中等地做太守,以打硬仗而闻名。

匈奴入侵上郡(郡治肤施,今陕西榆林东南鱼河堡),景帝派一个宠信宦官同李广一起统率和训练军队抗击匈奴。一次宦官带几十个骑兵出猎,路遇三名匈奴骑士,与其交战,结果,匈奴人射杀了所有随从卫士,还射伤宦官,宦官慌忙逃回报告给李广。李广认定三人是匈奴的射雕手,于是亲率百名骑兵追赶。

匈奴射雕手因无马而步行,几十里后被追上,李广命令骑兵张开左右两翼,自己亲自射杀两名,生擒一名。刚把俘虏缚上马往回走,匈奴数千骑兵赶来,见到李广的军队,以为是汉军诱敌的疑兵,都大吃一惊,立刻上山摆开阵势。李广的一百名骑兵,也十分害怕,都想掉转马头往回奔。李广说:"吾去大军数十里,今如此以百骑走,匈奴追射我立尽。今我留,匈奴必以我为大军之诱,必 不敢击我。"李广命令所有的骑兵前进,一直走到离匈奴阵地不到二里远的地方才停了下来。李广又下令道:"皆下马解鞍!"他手下的骑兵说:"虏多且近,即有急,奈何?"李广说:"彼虏以我为走,今皆解鞍以示不走,用坚其意。"匈奴骑兵果真不敢冒攻。这时一名骑白马的匈奴将领出阵来监护他的士兵。李广骑上马,带十几个骑兵,射杀白马将,然后重回到他的队里,卸下了马鞍。他命士兵都放开马匹,睡卧地上。这时天色已晚,匈奴兵始终觉得他们可疑,不敢前来攻击。半夜时分,匈奴以为汉军在附近有伏兵,想乘夜袭击他们,便引兵而去。第二天一早,李广回到

了部队。李广等人全身而退体现了其临危不乱且有急智的良好品质。

汉武帝元光六年(公元前129年),匈奴又一次兴兵南下,前锋直指上谷(今河北省怀来县)。汉军四路出击。车骑将军卫青直出上谷,骠骑将军公孙敖从代郡(治代县,今山西大同、河北蔚县一带)出兵,轻车将军公孙贺从云中(今内蒙古托克托东北)出兵,李广任骁骑将军,率军出雁门关,四路将领各率一万骑兵。卫青首次出征,直捣龙城(匈奴祭扫天地祖先的地方),斩首700人。李广终因寡不敌众而受伤被俘。匈奴单于久仰李广威名,命令手下:"得李广必生致之"匈奴骑兵便把当时受伤得病的李广放在两匹马中间,让他躺在用绳子结成的网袋里。走了十多里路,李广装死,斜眼瞧见他旁边有个匈奴少年骑着一匹好马,李广突然一跃,跳上匈奴少年的战马,把少年推下马,摘下他的弓箭,策马扬鞭向南奔驰,匈奴骑兵数百人紧紧追赶。李广边跑边射杀追兵,终于逃脱,收集余部回到了京师。汉朝廷把李广交给法官,法官判李广部队死伤人马众多,自己又被匈奴活捉,应当斩首,后用钱赎罪,成为平民。但李广展现出的惊人骑射技术给匈奴人留下深刻的印象,这正是匈奴称其为"汉之飞将军"的由来。

后来李广任右北平太守后,匈奴畏惧,避之,数年不敢入侵右北平。

李广出猎,夜间看到草丛中的一块石头,以为是老虎,张弓而射,一箭射去把整个箭头都射进了石头里。白天仔细看去,原来是石头,过后再射,就怎么也射不进石头里去了。李广一听说哪儿出现老虎,他就要亲自去射杀,居守右北平时一次射虎,恶虎扑伤了李广,最终李广带伤竟也射死了这只虎。

李广为将廉洁,常把自己的赏赐分给部下,与士兵同吃同饮。他做了四十多年俸禄二千石的官,家里没有多少多余的财物,始终不谈购置家产的事,深得官兵爱戴。李广身材高大,臂长如猿,有善射天赋,他的子孙向他人学射箭,但都不及李广。李广不善言辞,与人闲居时亦以射箭来赌酒为乐,一生都以射箭为消遣。李广爱兵如子,凡事能身先士卒。行军遇到缺水断食之时,见水,见食,士兵不全喝到水,他不近水边;士兵不全吃遍,他不尝饭食。对士兵宽缓不苛,这就使得士兵甘愿为他出死力。李广射杀

敌人时，要求自己箭无虚发，所以非在数十步之内不射，常常是箭一离弦，敌人应声而亡。也由此多次被敌人围追，射猛兽时也由于距离太近而几次受伤。《史记·李将军列传》载：其将兵数困辱，其射猛兽亦为所伤云。

然李广终其一生未封侯。而后在随卫青、霍去病征战过程中，多遭嫉恨猜疑，加之自己又多独断专行，战败自裁而逝！

逐梦箴言

还记得王昌龄《出塞》中写道：但使龙城飞将在，不教胡马度阴山。时人也称"李广才气，天下无双"，匈奴人更畏惧地称他为"飞将军"。《水浒传》有一个好汉的绰号即是"小李广"。看来李广凭借赫赫武功，济危扶难，生前虽未封侯，死后却千古留名。

知识链接

梅花桩

指在呈梅花形的固定木桩上练习武术基本功和拳术套路，以达到身体轻灵、跃高落稳、步伐敏捷、视野宽阔的目的。

三英战吕布

每个读过三国的人都不能略过一人，即是彼时武将排名第一的吕布吕奉先。人说人中吕布，马中赤兔。当日虎牢关下，诸侯云集，豪杰无数，吕布一人，身着红锦百花袍，身披兽面吞头连环铠。手持方天画戟，坐下嘶风赤兔马。于两军阵前，大喝一声"吕布在此，谁人前来送死！"公孙瓒来了，却很快就败走了，这时张飞一声怒吼："三姓家奴吕布休要猖狂，燕人张翼德在此！"

当时，风起云涌，势震八方，诸侯喝彩，声盖九天！两人大战八十余合，不分胜负。关云长见状，兄弟齐心，也杀上阵去，手舞一把八十二斤青龙偃月刀，催马上前，夹击吕布。刹那间，刀若闪电，矛似流星，吕布画戟，更犹若猛虎搜山，神龙出海。三将酣战五十回合，犹然战不倒吕布。

沧海横流，方显英雄本色。乱世之中，才知豪杰笑傲。

三人战得难分难解之时，诸侯军中，奋起一将，手持雌雄双剑。刘备刘玄德，一马当先，前来助战。三英合力攻杀，意欲将吕布斩于军前！

吕布纵然雄勇无双，无奈独力难支。十余回合之后，已然招架不住。一招虚晃，吕布纵马杀出，回转虎牢关。

虽说最后吕布败走，但是丝毫不堕其威名，当之无愧之三国第一人。

逐梦箴言

就其为人，我们自不必多言。三姓家奴喊破天下，然其武艺却是绝伦无匹，可最后吕布身死曹操之手，也因为其小人秉性反复无常。武功的高绝可以逞一时之豪，可在武功的背后再加高绝的人品岂不是更受万世敬仰，譬如关羽，义薄云天，万古流芳！

■ 武状元郭子仪

状元这个词我们并不陌生，但一般状元也都是指文状元，而武状元历史上出名的却很少，说到历史最出名的武状元大家肯定会联想到电视剧《武状元苏乞儿》，其实还有一位盛唐风流武状元那就是郭子仪。

在山西有个久演不衰、家喻户晓的戏剧《打金枝》，说的是唐朝名将郭子仪的儿子驸马爷郭暧打了金枝玉叶升平公主，升平公主委曲，一气之下跑回皇宫向父皇唐代宗诉苦。与此同时，郭子仪得知情况，重责郭暧，向唐代宗请罪。唐代宗宽容明理，不但不责怪郭暧，反劝升平公主与郭暧和好，一场风波得以圆满结束。《打金枝》所演义的故事，在历史上确有其事，那么身为一国之尊的唐代宗对郭子仪为什么格外客气呢？这要从郭子仪的身世及历史功业谈起。

郭子仪，华州（今陕西华县）人。他智勇双全，文韬武略，治军宽严得当，深得部下敬佩。以身许国，临危不惧，身经百战，功勋卓著。历事玄宗、肃宗、代宗、德宗四朝，勤于职守，对巩固唐王朝居功至伟。郭子仪出身名门，其父郭敬之官至刺史。少年时代的郭子仪，体高貌秀，聪明好学。在家庭环境的影响下，他喜欢研读兵书，注重习练各种武术。开元年间郭子仪以武举登第。天宝十三年（公元754年）任天德军（今属内蒙）使，兼九原（今内蒙古包头市北）太守、朔方（今陕西北部）节度兵马使。天宝十四年（公元755年）11月安禄山在范阳（今河北涿县）起兵叛唐，"渔阳鼙鼓动地来，惊破霓裳羽衣曲"。惊慌失措的唐玄宗以郭子仪为卫尉卿，兼灵武军（今宁夏灵武南）太守，充朔方节度使，诏命率本部军马东讨安史叛军，很快收复云中马邑（今山西朔县）、东陉（今河北属地）等十余郡，郭子仪也以功加封御史大夫。

平叛安史之乱的另一功臣李光弼也以骁勇善战闻于军旅，郭子仪和他向有嫌隙，在世人心目中有两虎不能并存之势。当天宝十五年叛军猖獗，

中原扰乱,玄宗遍求良将,并以河北(今河北地区)、河东(今山西地区)防务人选征询郭子仪的时候,郭子仪立即推荐李光弼堪当此任。在国难当头之际,郭子仪能秉公心、泯私怨,说明他具有高尚的人格,时人许之以高义,得到社会的普遍赞扬。

这时,哥舒翰为叛军所败,潼关失守,京城震动,唐玄宗逃往四川,仓皇失措如丧家之犬。

乱世之中,唐肃宗即位于灵武,身边只有临时凑聚的乌合之众,军容不整,士气低落,而盘踞两京(长安、洛阳)的叛军,声势浩大,气势汹汹,不可一世。唐肃宗急诏郭子仪、李光弼率兵勤王,大军西进灵武,大唐朝野为之一振,从此郭子仪的朔方军成为唐朝恢复两京的中坚力量。肃宗即命郭子仪为兵部尚书、同中书门下平章事。至德二年(公元757年)三月,郭子仪大胜于潼关之后军威大振,攻克蒲州,收复永丰。自此以后,潼关陕西境内再无安史叛军的据点。十月,郭子仪又大败安庆绪之军于陕州(今河南陕县)之西,安庆绪渡河逃至相州(今河南安阳),郭子仪护卫广平郡王李豫(后为代宗)入洛阳,东都人民夹道欢呼王师归来,极大地振奋了当时的民心士气。由于屡建功勋,郭子仪被唐肃宗加封为司徒,封代国公,食邑千户。不久郭子仪入朝谢恩,肃宗派御林军仪仗队迎于灞桥(今陕西西安市东)之上,唐肃宗慰抚郭子仪说:"虽吾之家国,实由卿再造。"上元二年二月,李光弼大败于邙山,鱼朝恩败退于陕州;河中军哗变,杀死主帅李国贞;太原军哗变,杀死节度使。朝廷担心哗变士兵与叛军合流,局面无法收拾,若派年轻将领前去弹压,不孚众望,没有权威。在无可奈何的情况下,再度起用郭子仪为朔方、河中、北庭、潞、泽、沁等州节度行营,兼兴平、定国军副元帅,充本管观察处置使,进封汾阳郡王,出镇绛州(今山西新绛)。这一年三月,郭子仪临危受命,上任前辞别肃宗。此时唐肃宗已卧病不起,无法接见。郭子仪奏请说:"老臣奉命,将战死于外,不见陛下,死不能瞑目啊!"唐肃宗甚为感动,召他至病榻之前,泣谓郭子仪说:"河东之事,全部委托给你了。"郭子仪洒泪而别,君臣均很神伤。郭子仪到达绛州住所,以雷霆霹雳手段,首先擒拿杀害主帅李国贞的贼首王元振等数十人,当众正法。太

原将领章云京亦效法郭子仪,擒诛贼首。从此以后,诸镇官兵军纪肃然,军威复振,无人再敢叛乱。郭子仪戎马一生,屡建奇功,大唐因有他而获得安宁达二十多年,年八十五寿终,赐谥忠武,配飨代宗庙廷。

逐梦箴言

史称郭子仪,"权倾天下而朝不忌,功盖一代而主不疑",举国上下,享有崇高的威望和声誉。国难之时,有担当,更有豪气。

知识链接

七星
古拳家指人体的头、手、肩、肘、胯、膝、足七个部位为七星。
七拳
在武术技击中,人体的头、肩、手、肘、胯、膝、足七个部位都可以使用,因而称之为七拳。

■ 关羽的武功

关羽,字云长,山西解州人(今山西运城)。他生活在诸侯纷争的东汉末年,是一位才兼文武、通经熟史、骁勇善战的武将。罗贯中在《三国演义》里对关羽进行了不遗余力的歌颂,在他笔下关羽成了最引人注目的英雄。

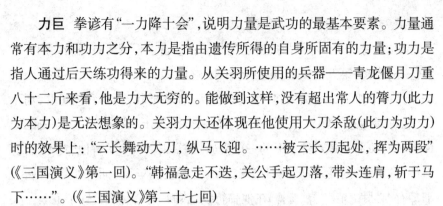

力巨 拳谚有"一力降十会",说明力量是武功的最基本要素。力量通常有本力和功力之分,本力是指由遗传所得的自身所固有的力量;功力是指人通过后天练功得来的力量。从关羽所使用的兵器——青龙偃月刀重八十二斤来看,他是力大无穷的。能做到这样,没有超出常人的膂力(此力为本力)是无法想象的。关羽力大还体现在他使用大刀杀敌(此力为功力)时的效果上:"云长舞动大刀,纵马飞迎。……被云长刀起处,挥为两段"(《三国演义》第一回)。"韩福急走不迭,关公手起刀落,带头连肩,斩于马下……"。(《三国演义》第二十七回)

快速 常言道:"手快打手慢。"关羽在与敌对阵时,往往以迅雷不及掩耳的速度出击取胜。关羽的快速主要体现在他的位移速度和动作速度上。在古代,马上战将的位移速度主要取决于他所骑的战马奔跑速度。关羽的位移速度与他胯下跑起来如风驰电掣般快速的"赤兔马"有直接关系。另外关羽的动作速度(这里主要指杀敌时使用大刀的动作速度)也是极快的。如在《三国演义》第一回中,描述关羽在与黄巾军将领程远志的初次交战中便有所显现:"云长舞动大刀,纵马飞迎。程远志见了,早吃一惊,措手不及,被云长刀起处,挥为两段。"关羽的迅猛快捷,在第二十五回斩颜良的过程中表现尤为突出:"关公奋然上马,倒提青龙刀,跑下山来……关公赤兔马快,早已跑到面前。颜良措手不及,被云长手起一刀,刺于马下。"关羽诛杀文丑时也是以快取胜:"关公马快,赶上文丑,脑后一刀,将文丑斩下马来。"关羽的马快加刀(法)快,构成了他如闪电般的攻击速度。

技精 关羽的刀法精纯,首先表现在他一生征战中鲜有败绩;其次,他在斩杀敌将时的刀法运用大多简洁明快。如《三国演义》第一回,关羽首次对阵遇敌,"云长舞动大刀……程远志……被云长刀起处,挥为两段"。在这里,关羽杀敌刀法只是一"挥";第二十五回,"颜良……被云长手起一刀,刺于马下"。这里,关羽杀敌刀法只是一"刺"。在第二十七回"过五关斩六将"里,关羽杀敌时刀法尤为精彩:关公"纵马提刀……直取孔秀……两马相交,只一合,钢刀起处,孔秀尸横马下",这里"只一合"。真是"于百万军中取上将首级,如探囊取物",临阵杀敌的每战,似乎都成了关羽精湛刀法

的表演。

胆雄　拳家认为:胆乃技击之主师。在技击中强调要有"必胜之心"。在《三国演义》第五回关羽"温酒斩华雄"这段,可以看出关羽过人的胆量。华雄是董卓帐下的一员大将,他身材高大,体格健壮,而且武艺超群,勇不可当。你看他连斩鲍忠、祖茂、俞涉、潘凤四将,令十八路诸候"众皆失色"。而当时的关羽只是刘备手下的一个"马弓手",很多人不了解他、看不起他。但他不惧外强内疑,毅然提刀出帐,飞身上马迎战华雄。面对如此强敌,关羽却有"必胜之心"。操(曹操)在他临行前"热酒一杯,与关公饮了上马",关羽说:"酒且斟下,某去便来。"于是便有了"酒尚温时斩华雄"的千古美谈。试看"某去便来"说得多么轻松! 试想,没有必胜的信心,没有视敌如草芥的胆量,怎么能如此洒脱? 在白马,曹操指着河北大将颜良在山下排的"旗帜鲜明,枪刀森布,严整有威"的阵势对关公说:"河北人马,如此雄壮!"关公却说:"以吾观之,如土鸡瓦犬耳!"真是豪气冲天。

过五关,斩六将,千里走单骑,体现他英雄孤胆,无所畏惧。单刀赴东吴,更是他无畏胆略的极致表现。当然,关羽的无所畏惧并不是蛮勇、盲勇。绝伦超群的武功是他藐视一切敌手的实力,"一身忠义"的浩然正气更是他超人胆量的源泉。

在这里值得一提的是,胆大还须心细。胆大而心不细,则易误入他人圈套。

神威　兵法云:"不战而屈人之兵,善之善者也。"关羽的神威就能起到"不战而屈人之兵"的作用。构成关羽的神威,首先表现在其先天具有的奇异相貌上:关羽"身长九尺,髯长二尺,面如重枣,唇若涂脂;丹凤眼,卧蚕眉,相貌堂堂,威风凛凛。"传说关羽"丹凤眼"一睁大便要杀人。他平时看上去似乎微眯的双眼,有让对手高深莫测的感觉。他的这种相貌尤如天神、不怒自威,难怪在《三国演义》第二十七回中,胡班偷看关羽时,"大惊曰:'真天人也!'"。其次,关羽武功盖世,临阵对敌,往往一击必杀,致强敌于死命之神速,使其威名远扬,令敌手未战胆寒。关羽的神威还表现在他的声如巨钟上,对阵临敌,他大吼一声,尤如晴天霹雳,足以震破敌胆。华容道

上,"云长大喝一声,(曹操)众军皆下马,哭拜于地"。

关羽的神威,对强敌具有非凡的震慑力。赤壁之战时,周瑜以商讨战事为由邀刘备相见,却暗藏刀手,准备在酒宴中杀之,为东吴消除隐患。宴饮间"瑜起身把盏,猛见云长按剑立于玄德背后,忙问何人。玄德曰:'吾弟关云长也。'瑜惊曰:'莫非向日斩颜良、文丑者乎?'玄德曰:'然也。'周瑜大惊,汗流满背"。智勇双全、风流倜傥的周瑜,在威风凛凛的关羽面前却"汗流满背",心虚不敢下手,一场杀气冲天的性命危机就这样化险为夷了。鲁肃为讨还荆州,在临江亭宴邀关羽相会,"庭后埋伏刀斧手",准备暗算关羽。不料,关羽真的"单刀赴会",席间饮酒,鲁肃"举杯相劝,不敢仰视",而"云长谈笑自若"。临别之时,关羽"右手提刀,左手挽住鲁肃手"。鲁肃更是吓得"魂不附体""如痴似呆",哪里还有心实施计谋?关羽攻打樊城时,守将曹仁龟缩城内,但他手下将军吕常却偏要出战,最后"仁即与兵二千,令吕常出樊城迎战……前面绣旗开处,云长横刀出马。吕常却欲来迎,后面众军见云长神威凛凛,不战而走"。关羽令敌"不战而走"的神威,是他武功的综合体现,也使他最终成为了我们民族尊崇的战神和武圣。

逐梦箴言

千百年来在我国乃至世界上很多国家和地区,人们对关羽的崇拜不但没有间断,而且不断升温:"汉封侯宋封王明封大帝,儒称圣释称佛道称天尊"(关羽庙对联)。关羽被人们尊为"武圣人",与"文圣人"——孔子相提并论,这都与他非同一般的武功是分不开的。

五行

　　古代武术家用金、木、水、火、土（五行）表示形意拳中的劈、崩、钻、炮、横五种基本拳法，或表示太极拳中的进、退、顾、盼、定五种步法。

张三丰与太极拳

　　张三丰自称张天师后裔，为武当派开山祖师。张三丰修道武当山时，他醉心于"师传"的修炼心法，参悟太极图之理。一天，他在武当后山洞里打坐时，听见外面有喜鹊的叫声。他循声走出洞来，发现一条蛇和喜鹊正在"缠斗"。当喜鹊攻击蛇的头部时，蛇以尾部来还击它；喜鹊攻击蛇的尾部时，蛇用头来攻击它；喜鹊攻击蛇中部时，蛇的头部和尾部一齐来夹攻它。最终，想吃蛇肉的喜鹊只好落荒而逃。看见这种情景，张三丰似有所悟，这难倒不就是我反复参悟的太极阴阳互变的道理吗？原来太极的道理在自然之中。自然、和谐、阴阳互变。又有什么比这自然的东西更好的呢？于是，张三丰真人将顺其自然变化的道理，结合他修炼的内丹功力，以道教所传太极阴阳为体，五行八卦为用，"河图"与"洛书"为经、八卦与九宫为纬，合成太极拳术五行八卦十三式，突出"以武演道，以道显武"的特点。

　　由此，张三丰真人确立了太极拳以道教的太极、阴阳、内丹元气为理论基础；思想上主张"性命双修"、练养结合。遵循人体的自然规律，动静相间，形神兼备。尤为突出清静自然、柔弱不争、飘然洒脱的思想。形成了既是修身养性，通向大道的方法；又是强身健体，防身自卫的武术。张三丰祖师

发现有修炼内丹而又练"刚猛之拳"的人,用力过猛,失去了中和自然的道理,大伤元气。于是,他以太极拳来改变这些修道者的不当之举,减少那种出力没长进的现象。提出:"愿天下英雄豪杰延年益寿,不徒作技艺之末"的号召,以此来改变技击的不必要消耗。

逐梦箴言

明英宗赐号"通微显化真人";明宪宗特赐封号为"韬光尚志真仙";明世宗赠封他为"清虚元妙真君"。张三丰受明朝历代皇帝之推崇不可谓不厚,然而,他却有自己的人生思想:"盖帝王自有道,不可以金丹、金液分人主励精图治之思。古来方士酿祸,皆因游仙入朝,为利之修真……"他这种不为世俗富贵所动,宁愿"修真"名山福地的行为,体现了道教逍遥自在、无拘无束、淡泊名利、不趋权贵的高风亮节精神,实为后世修炼家之模范。

■ 霍元甲的精武精神

1909年5月,英国人奥皮音在上海张园摆设擂台比武,连续几天在各大报纸刊登广告,态度十分傲慢。上海爱国同胞目睹洋人在中国土地上的嚣张气焰,义愤填膺,他们驰电天津,亟邀津门武术大师霍元甲南下对擂,以长中国人志气,灭洋人之威风。霍元甲闻讯,想:我中华同胞,岂能容忍外人肆意凌辱! 即束装南下。奥皮音知道霍元甲武艺高强,于比赛当日凌晨,偷偷逃离上海。消息传出后,人们无不为之扬眉吐气。

后来霍元甲为洗雪东亚病夫之耻,使四万万同胞身强体健,振奋精神,

我的未来不是梦

救国家于疲弱,决定抛弃传统的武术门户之见,在上海创办"中国精武体操会",将祖传"迷踪艺"拳法毫无保留地奉献于世。

1909年夏,中国第一家民间体育团体——"中国精武体操会"在上海闸北一座简陋的民宅中诞生了。霍元甲在精武体操会成立公告中倡言:国民欲拒辱,必当自强,愿海内同胞,振奋精神,加入斯道,强魄健体,使我中华大地,再现勃勃生机,使四万万之众,皆成健儿,中华必将振兴,民族必有希望。

精武体操会开办后,每天来习武者络绎不绝,霍元甲对来者一视同仁,悉心指导,倾力相教,表现了一代国术大师的拳拳爱国之心。

正当精武体操会初创之际,霍元甲却不幸遭日敌暗害。面对先师遗像,徒弟们含泪宣誓:一定要继承先师遗志,百折不挠,高举精武大旗继续向前走去。

霍元甲去世后,在上海各界爱国人士的支持下,霍元甲的徒弟刘振声、陈公哲、陈铁生、卢炜昌等人在十分艰难的条件下继续着精武事业。霍元甲的弟弟霍元卿、儿子霍东阁也从天津赶到上海,帮助主持精武会务,指导教授技艺。

1916年,位于提篮桥倍开尔路(今惠民路)73号的精武新会馆落成,精武体操会正式易名为精武体育会。

精武体育会传授的武术,并非霍氏迷踪艺拳法一门,而是集南北各派武术精华,体现了霍元甲所倡导的"拳术公有",兼容并蓄的思想。

为更好地推广群众体育运动,使一般人易于掌握动作要领。精武体育会将每一种拳法或刀剑法的套路,摄制成动作分解图,供人观摩学习,开创了我国体育史上武术图式教学的先例,对继承和发扬我国传统体育项目——武术,作出了重要贡献。

1919年,精武体育会成立十周年,其影响已十分广泛。仅上海一地,精武体育会就有三处会所:即倍开尔路精武总会、横滨桥第一分会和城南吕班路山东会馆第二分会,有会员数万人。此时,上海几十所学校都把精武体育会所倡导的国操课作为学生的必修课程,并延聘精武会教员来校传授技法,以增强学生体质,培养智仁勇全面发展的人才。与此同时,汉口、广

州、香港、东南亚等地先后成立精武体育会五十余所,有会众四十余万人。

在精武体育会成立十周年之时,孙中山先生曾手书"尚武精神"四个大字,并欣然为《精武本纪》作序。

精武体育会为中华武术的发展、中华民族的振兴作出了应有的贡献。

精武元祖霍元甲,以其精湛的武术技艺、强烈的爱国精神享誉中外。

逐梦箴言

强民族之精神须从强民族之体魄开始,霍元甲如是说。

知识链接

五兵

指周代和春秋时期用以作战的五种主要兵器,包括戈、殳、戟、酋矛、夷矛。

我的未来不是梦

◎ 智慧心语 ◎

以家为家，以乡为乡，以国为国，以天下为天下。

——《管子·牧民》

非淡泊无以明志，非宁静无以致远。

——诸葛亮《诫子书》

先天下之忧而忧，后天下之乐而乐。

——范仲淹《岳阳楼记》

芸芸众生，孰不爱生？爱生之极，进而爱群。

——秋瑾

人生应该如蜡烛一样，从顶燃到底，一直都是光明的。

——萧楚女

第九章

态度决定一切

○ 导读 ○

　　这个世界上任何职业，当然包括武术师，要想成就巅峰，是需投身其中的人时刻秉持敢于面对竞争，不断创新的精神，这是一种几乎偏执的精神。而最重要的实战对决必不可少，当你面对敌手，要敢于亮出你的剑，此等态度是使之可以在这个行业成为人中龙凤的不二法门。态度决定一切，在这里同样是圭臬一般的真理，例行不悖！

迈出关键的一步

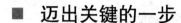

有一位青年人，经过三个月的跋山涉水，终于找到了令他日思夜想的智者——在深山里的一间小木屋里。

青年人走上前去敲门："我不远万里而来，就是想弄明白一个问题：怎样才能成为真正的英雄？"智者在屋里面说："现在晚了，你明天再来吧！"

第二天一早，青年人又去敲门。智者说："现在太早了，我还没到起床的时候，你明天再来吧！"

第三天一早，青年人又去敲门。智者说："现在你来得太迟了，我要去晨运，你明天再来吧！"

……

青年人第六次去敲智者的门时，智者又说："我要休息了，你明天再来吧！"

青年人怒从心起，大声说："每次你都这样推三推四，我何时才能成为真正的英雄？"青年人说完踢开了智者的门，直冲进屋里去。

智者笑眯眯地看着怒发冲冠的青年人，说："我等了六天，就等你是否敢打开我的门。要成为真正的英雄，首先要敢于打破把自己隔开的种种门，世间万物就藏于一门之隔。今天你的举动，足已证明你向英雄迈进了第一步。"

逐梦箴言

征服畏惧、建立自信的最快、最有效的方法，就是去做你害怕的事，敢于去争，这才是最快取得武学之秘的必要途径。

我的未来不是梦

知识链接

武举、武状元

武举也叫"武科"，是我国古代科举制度中专门考试习武之人的形式和方法。武举中的殿试第一名称为武状元。

理想的方向和时间

一个年轻人来到武馆，想拜馆主为师，讲述自己对武学的热爱，并说自己如何会下功、用心学。馆主盯着他沉吟片刻，说道："每个到我这里学武的人，我都要问他们两个问题。

"你知道为什么清晨买莲花一定要挑那些盛开的？

"渤海口的一条鱼逆流而行，它不停地游，克服常鱼所难以克服的困难，在某一天到达了唐古拉山脉。然而，它还没来得及发出一声欢呼就被冻结成了冰。事隔多年，一个打此处经过的人发现了这条鱼——它还保持着游的姿势。有人认出它来自渤海，于是惊叹它的勇气。你觉得这条鱼怎样呢？"

年轻人思虑再三，并不觉得这个和自己习武有什么关系，向馆主说道："请您明示。"馆主笑道："早上是莲花开放最好的时间，如果一朵莲花早上不开，可能中午和晚上都不开了，我们看人也是一样，一个人在年轻的时候没有志气，中年或晚年就更难有志气了。"

方向不对，再大的勇气和努力也是枉然。

逐梦箴言

学武需要立下泰山不移之志，可是一定要明白目标对于你

未来的意义,它应该使你的人生昂扬、完满、有序。并要在最早的时间里认定它,自此不变。每个正确及时的目标都是完美人生中不可或缺的一部分。

知识链接

一级武士

　　一级武士是武术运动员的技术等级称号之一。一级武士的标准是:在全国武术比赛中,六项总成绩达 52.5 分以上者;或在省级比赛中,六项总成绩达 52.5 分以上,同时全能名次排在前三名,并经省级体委或国家体委直属的体育学院或专业体育协会审批合格的运动员。

■ 想好再去做

　　有三个少年跑到少林寺,请求方丈收他们为徒。

　　方丈问第一名少年:"你为什么要学武功?"

　　第一名少年回答:"师父,我身体太弱了,我学武功是要强身。"

　　方丈又问第二名少年:"那你呢?"

　　这名少年回答:"师父,我家里富裕,每天大鱼大肉,所以我吃得太肥了,我学武功是要减肥。"

　　方丈接着问第三名少年:"那你又为什么要学武功呢?"

　　这名少年感慨说:"师父,我村子里遇劫,我父母和许多乡亲父老都被土匪杀了。我学武功是要报仇,不让这些土匪逍遥法外。"

　　结果,当然是第三名少年人把武功学得最好。

　　你为什么要学武呢?要强身?要修行?还是要闯出一番名堂,让那些看不起你的人大跌眼镜呢?世间万事,无论你做什么,首先必须要有一个

我的未来不是梦

167

明确的态度,弄清楚为什么你要从事这行业,才能收到事半功倍之效。

逐梦箴言

有志始知蓬莱近,无为总觉咫尺远。

■ 打败死神

一个比赛惨败又身患绝症的习武者在医院病房里唱歌,他的歌声极具感染力,听了他的歌声,那些盲人仿佛看到了光明,瘸腿的人仿佛回到了路上。

有人问:"在各方面,你都是一个失败者,可是你为什么能唱出这样欢乐的歌呢?"

这个人微笑道:"谁说我是失败者?我是一个胜利者,死神每天都败在我的手下!难道不值得为此庆祝一番吗?"

逐梦箴言

作为一个真正的武者,你的失败从来不是败在战场上,而是败在你自己的心中,就像美国一个硬汉作家海明威说过:人生来不是被打败的,你可以消灭他,但是你不能打败他!

■ 只管去做

一个人,五十有三,如果生活安稳,就等着安享晚年。偏偏命运多舛,

华发满头的年龄，负债累累，债主时常上门索债，他只得天天离开家门以避责难。总想东山再起，却每每干一行败一行。到了如此年纪，该是彻底放手的时候了，酒吧里买个醉，回到家里大睡一场。偏偏他不认命，他要写书，要写一个曾经的骑士梦，他说所有梦想现在都破灭了，只有这个梦想没有尝试。

所有认识他的人都觉得他实在荒唐，从来没有一个人可以在五十三岁的时候开始创作而有所成就。但是他一意孤行，他写了一本小说，结果奇迹般地风行天下。这本小说就叫《堂·吉诃德》，他的名字叫塞万提斯。他虽不是骑士，但是他却为我们展示了一种骑士梦的可能性，只要做，你就有无限的接近这个梦的可能。

逐梦箴言

胜利女神有句格言：只管去做。只有"只管去做"，你才能有机会靠近梦想，别停下不动。只要去做，没有什么比这更能激动人心的了！有武术大师的梦，但不去行动，那真的只能是梦而已！

■ 低一些的好处

一个满怀失望的年轻人千里迢迢来到一座寺院，对住持说："我一心一意要学武功，但至今也没有找到一个能令我心满意足的老师。"

住持笑笑问："你走南闯北十几年，真没能找到一个自己满意的老师吗？"年轻人深深叹了口气说："许多人都是徒有虚名啊，我见过他们的武功，有的武技甚至不如我呢！与其如此，不如我去学习自己同样爱着的丹青。"住持听了，淡淡一笑说："老僧虽然不懂武术，但颇爱收集一些名家字

我的未来不是梦

169

画。既然施主懂得绘画，就烦请施主为老僧留下一幅墨宝吧。"说着，便吩咐一个小和尚拿了笔墨砚和一沓宣纸。

住持说："老僧的最大嗜好，就是爱品茗饮茶，尤其喜爱那些造型流畅的古朴茶具。施主可否为我画一个茶杯和一个茶壶？"

年轻人听了，说："这还不容易！"于是调了一砚浓墨，铺开宣纸，寥寥数笔，就画出一个倾斜的水壶和一个造型典雅的茶杯。那水壶的壶嘴正徐徐吐出一脉茶水来，注入到了那茶杯中去。年轻人问住持："这幅画您满意吗？"

住持微微一笑，摇了摇头说："你画得确实不错，只是把茶壶和茶杯放错位置了。应该是茶杯在上，茶壶在下呀。"年轻人听了，笑道："大师为何如此糊涂，哪有茶壶往茶杯里注水，而茶杯在上茶壶在下的？"

住持听了，又微微一笑说："原来你懂得这个道理啊！你渴望自己的杯子里能注入那些武林高手的香茗，但你总把自己的杯子放得比那些茶壶还要高，香茗怎么能注入你的杯子里呢？只有把自己放低些，才能吸纳别人的智慧和经验。"

逐梦箴言

想让生活充实自己，首先要正确地认识自己。江海之所以能为百谷之王，是因为知道自己身处低下，所以张开胸怀处下不争。同样，你要想拥有百川般的武功和技艺，首先应像百川一样张开自己的心胸和肚量。

知识链接

步不活则拳乱，步不快则拳慢

步法在拳术中占据着十分重要的地位，因为步法起着调动

周身各个部位以实施各种技击战术的重要作用。技击中的进攻后退,拳打脚踢,肩顶臂撞,无不倚仗步法来保持自己重心的稳定,还要靠步法的变化来动摇对手的重心,破坏其平衡。步法对,拳脚则顺;步法精,出势则疾,进退则灵。步法是协调手法、身法、腿法的基础。步法练好,才能保证手法、身法、腿法的施展运用。各个拳种和技击术都有自己的步法。比如拳击和截拳道中有滑步、侧步、疾步以及快进快退等。传统武术中的步法更是多种多样,象八卦掌绕圈走转的趟泥步;戳脚左绕右划的玉环步;查拳虚实相兼的走风摇晃步等等。这些步法都有其特点和用法。归结起来,规律却是一个,就是都要求整个身躯和四肢配合协调,巧妙地调整自己的重心,便于向前后左右各个方向出击或防守。步进身随,步退身回,始终掌握格斗的主动权。

■ 竞 争

"上帝啊,竞争太激烈,外界对我的压力太大,我实在受不了了。如果你是仁爱的上帝,你就把我放到一个没有压力的地方吧。"一个四面楚歌的习武人对上帝说。

"我的孩子,我非常非常爱你,也特别想满足你的要求,然而除了真空,并不存在一个没有压力的地方。"上帝说。

"那就让我到真空中生活吧。"这个人请求道。

"我也想让你去真空生活,可是在真空中你不仅没法呼吸,还会被来自自己的压力压得爆炸的。"

上帝回答道。

逐梦箴言

任何一个时代,只要有人类生存的地方,就要有竞争,就难

免有压力,我们不可无视它,更无需惧怕它,既然它是一个必然的存在,我们能做的是把它作为向前的阶梯,或是一个我们必将面临的对手,对它亮剑,拿出"虽千万人吾往矣"的豪情!

■ 我们需要一个对手

　　蹦极跳起源于南太平洋土著人的成年礼,把自己交给一根绳索,跳向大海,就代表你成年了。比武场,同样是一场蹦极,把自己拴在一根叫比武的绳索上,跳下去,如果敢跳,你就成功了。但想象一下,如果你一个人在茫茫大海中的一个蹦极台中栓上绳子,没有对手,没有力量督促你,你还会跳吗?

　　开始站在比武台上你也会恐慌,担心有你不可知的情况会发生,但你可以把它当作蹦极来磨练自己。因为别人在跳,所以你便跟着跳,开始很害怕,会尖叫,但当看到有些人把它当作习惯并且变成享受时,你便继续向他们的方向迈进。你就可以冷静、认真地观察你的对手了。

　　某日,一群散打队员的聚会。一个散打队员说到了在之前武校的竞争氛围,而且说有一个故事对他影响极深:有一个体质很弱的孩子,在高中的时候总是被一个身强力壮的家伙欺负。他为此下定决心,为了有朝一日能够打败他,苦心学习空手道。经过三年的苦练,成了空手道三段。那个曾经欺负他的家伙怕得要死,吓得不敢来上学。但后来两人终于碰面了,而他却放过了自己曾经无数次立志要报复的人。有人问他为什么,他回答道:"三年前,我把被他教训看成一种羞辱,觉得只有把他痛扁一顿才能洗刷这种耻辱。正是这种羞耻感给了我上进的动力,不然,我怎么会有今天的成功呢?"

　　他说这个故事给了他极大的启发,正是心中有一个竞争对手给了自己进步的动力和比较的目标。当练功懈怠、想着放松一下时,但当看到那些比他成绩好的同伴仍然抓紧每一分一秒锤炼自己的体能,训练自己的技巧时;他就觉得自己是在浪费时间,之后便不得不铆着劲继续训练。

他说，现在回过头来想想，如果当时不是那样的一种竞争氛围，或是那么多人一起训练的共同促进，他可能在那段日子里做了许多让他暂时轻松愉悦的事情。

可他发现在他从武校被选进散打队后，回忆起吃的那些苦，竟觉得别样感动。他很激动地说："我用我的努力和奋斗证明我值得拥有这些东西，而埋在心底深深的感谢更要说给我的对手——那些跑在我前面我试图想超越的人，还有跑在我后面奋力追赶我的人。"

逐梦箴言

比武场上的比试也好，一次蹦极也好，一次长跑也好，只因为你都不是一个人孤军作战。对手给你压力，同时也给你内心深处的鼓励和慰藉。我们的眼睛之所以长在前方，就是要让我们始终向前看，因为前方始终有人，而你的目标就是把他们超越。

知识链接

二级武士

二级武士是仅次于一级武士的武术运动员的技术等级称号。二级武士的标准是：在省、市、自治区级武术比赛中，三项（拳术、器械和对练）总成绩达25.5分以上，同时三项全能名次列前15名者；或在省辖市、地区和相当于该级的比赛中，三项总成绩达25.5分以上，同时三项全能成绩列前六名，并经地区、省辖市、县级体委，或相当于该级体育组织审批合格的运动员。

■ 木板的劈法

在一次空手道表演赛中,空手道高手以七段的实力,徒手劈开十余块叠在一起的实心木板,赢得观众热烈的喝彩与掌声。

表演结束后,一位好奇的小孩到后台找这位空手道高手,请教他是如何做到的。

空手道高手将十余块木板叠了起来,亲切地搭着男孩的肩膀,问他:"如果你想劈开这叠木板,你的着力点会放在木板的哪里?"

男孩指着木板的中心:"这里,我想一定要放在中心点。"空手道高手笑道:"也对,木板架高时的中心点,的确是最脆弱的部分。不过,如果你将着力点放在最上面这块木板的中心,当你的掌缘击中那一点时,将遭受同等力道的反击,令你的手疼痛不已。"男孩不解地问:"那究竟该把注意力放在哪个部分?"

空手道高手指着最下面那块木板的下方:"这里,把你所有的注意力放在整叠木板下方的中心点。当你的注意力只看到木板的下方时,由上而下砍劈的手掌,就能轻易地通过每一块木板,而达到你关注的那一点。"说着,空手道高手右手一扬,又劈开了那叠木板。

一般人之所以不成功,正是因为他们永远将注意力放在木板的最上方。于是眼中见到的,只有困难、挫折、不可能等等,种种的阻碍横亘在他们的意识中。并非他们不能成功,而是他们将注意力定在自己所不想要的东西之上。

成功者和一般人的差别在于,他将眼光放在整叠木板下方的那一点。成功者只看到他想要的目标,并不在乎自己是否具备足够的能力去达成。当他真正想要达到那个目标时,便会引导自己通过学习而获得足够的能力,然后通过所有的障碍,正如手掌通过木板一般,成功地达到目标。

逐梦箴言

不要再将宝贵的能量耗损在无聊的事情上。用心地、认真地去凝聚注意力于你真正想要的目标之上,然后,用力一击。马上行动,通过不断的努力,就能达到武道的巅峰。

知识链接

三级武士

三级武士是仅次于二级武士的武术运动员的技术等级称号。三级武士的标准是:在县或相当于县级的比赛中,三项(任选三项,但须包括拳术和器械)总成绩达 24 分以上,并经县体委或委托条件较好的基层组织审批合格的运动员。

■ 如何找到公主

有一个古老的传说:一个城堡里住着一位貌若天仙的公主,方圆数百里的未婚男青年都想一睹公主芳容,更梦寐以求娶公主为妻。后来机会来了,城堡的主人——国王,贴出一张告示,说所有未婚男士都有希望娶公主为妻,条件是他能够畅通无阻地连续三次走进城堡。另有附加说明是,在进入城堡前不可以后退,一旦后退就失去了求婚的资格。

国王是一个地形迷,他命令手下在城堡周围修建了密如蛛网的迷途,看似交错纵横,实则路路不通。所以,很多求婚的男士都迷路了,许多人都不得不放弃。但是有一个小伙子连续三次敲开古老城堡的大门。他是扛着铁锹和凿子,以及一大包干粮走进城堡的。他和其他求婚者不一样的

我的未来不是梦

175

是,在遭遇死路时,他用铁锹和凿子打通另一条路。就这样,一条路又一条路,总有一条是通往城堡的幸运之路。

逐梦箴言

事实上,在很多时候,我们都会在习武的路上遇到困境,如果退让,我们也许就会放弃一个登顶的机会。只要你肯去想,办法总是比你碰到的问题多,你完全可以劈开一条属于自己的登顶之路。

■ 且看"闻鸡起舞",又见"中流击水"

晋代的祖逖是个胸怀坦荡、具有远大抱负的人。可他小时候却是个不爱读书的淘气孩子。进入青年时代,他意识到自己知识的贫乏,深感不读书无以报效国家,于是就发奋读起书来。他广泛阅读书籍,认真学习历史,从中汲取了丰富的知识,学问大有长进。他曾几次进出京都洛阳,接触过他的人都说,祖逖是个能辅佐帝王治理国家的人才。祖逖24岁的时候,曾有人推荐他去做官,他没有答应,仍然不懈地努力读书。

后来,祖逖和幼时的好友刘琨一同担任司州主簿。他与刘琨感情深厚,不仅常常同床而卧,同被而眠,而且还有着共同的远大理想:建功立业,复兴晋国,成为国家的栋梁之才。

一次,半夜里祖逖在睡梦中听到公鸡的鸣叫声,他把刘琨叫醒后,对他说:"别人都认为半夜听见鸡叫不吉利,我偏不这样想,咱们干脆以后听见鸡叫就起床练剑如何?"刘琨欣然同意。于是他们每天鸡叫后就起床练剑,剑光飞舞,剑声铿锵。春去冬来,寒来暑往,从不间断。功夫不负有心人,经过长期的刻苦学习和训练,他们终于成为能文能武的全才,既能写得一

手好文章,又能带兵打胜仗。

刘琨做了都督,兼管并、冀、幽三州的军事,也充分施展他的文才武略。

祖逖被封为镇西将军,带着几百家乡亲,组成一支队伍,横渡长江。船到江心的时候,祖逖拿着船桨,在船舷边拍打(文言是"中流击楫"),向大家发誓说:"我祖逖如果不能扫平占领中原的敌人,决不再过这条大江。"他的激昂的声调和豪壮的气概,使随行的壮士个个感动,人人激奋。后来他果然收复了许多失地,虽然最终因为种种原因失败了,但这也激励了一代又一代习武儿郎,立志为国、保境安民,为黎庶、为苍生,抛头颅、洒热血!

逐梦箴言

列夫·托尔斯泰说:"为了得到前进的力量,我们就必须怀抱达到一个乐土的希望。"

那一缕幽香

一个徒弟跟师傅学艺有几年了。一天,徒弟问师傅,我整天忙忙碌碌,跑上蹿下,忙得两眼昏花。可数年下来,我感觉自己学到的技艺空空如白云,随风一飘,了无痕迹。

师傅默而不语。

徒弟越发苦恼,一苦恼,要做的基本技巧都处理不好了,心情也时好时坏。

师傅依然默而不语。

徒弟感觉在这山里如何忙碌都可能无收获,便产生了另寻他路的念头。他把这个想法告诉了师傅。

师傅说了一句,跟我去厨房。徒弟跟在师傅的身后,亦步亦趋。一到

厨房,师傅指着一盘石磨要徒弟转动起来。

徒弟二话没说,一股脑儿转动起石磨来,年轻人用蛮劲把石磨转动得呼呼生风。

一个小时过去了,两个小时过去了,师傅坐在旁边的板凳上昏昏欲睡。徒弟转动石磨的速度愈来愈缓,最后,由于体力用尽,无奈只好把转动的石磨停了下来。

师傅说:"好了?"徒弟说:"好了。"

师傅说:"你得到了什么?"徒弟这才恍然大悟,自己把石磨转动了几个时辰,石磨一点东西都没有留给他,除了精疲力竭。

师傅从灶头捏了一把黄豆,放进石磨的入食口,对徒弟说:"再来。"

徒弟用疲惫的双手转动了数十下,一股幽香的豆浆从出食口缓缓涌出。

徒弟顿时羞愧不已。从这以后潜"心"学艺。

逐梦箴言

有时候我们步履匆匆,没日没夜,其实我们转动的是一个没有添加任何原料的石磨,得到的自然只能是虚无。那么怎么为我们的武道生涯添上那一缕幽香呢?要用心来思考你学习的武术,如果只是一味的学习,而不思考,学武之路必然会迷惑倦怠而无所得。

知识链接

武英级

武英级是武术运动员的最高技术等级称号。武英级的标准是:在全国武术比赛中,六项(自选拳术、自选短兵器、自选长兵器、对练、传统拳术和传统器械)总分达54分以上,全能名次

列前 15 名,并经国家体委审批合格的运动员。

黑带的真义

一位武学高手在一场典礼中,跪在武学宗师的面前,正准备接受来之不易的黑带,经过多年的严格训练,这个徒弟武功不断精进,终于可以在这门武学里出人头地了。

"在颁给你黑带之前,你必须再通过一个考验。"武学宗师说。

"我准备好了。"徒弟答道,心中以为可能是最后一回合的拳术考试。

"你必须回答最基本的问题:黑带的真义是什么?"

"是我学武历程的结束,"徒弟不假思索地回答:"是我辛苦练功应该得到的奖励。"

武学宗师等了一会儿,他显然不满意徒弟的回答,最后他开口了:"你还没有到拿黑带的时候,一年后再来。"

一年后,徒弟再度跪在武学宗师面前。

"黑带的真义是什么?"武学宗师问。

"是本门武学中杰出和最高成就的象征。"徒弟说。

武学宗师过了好几分钟都没有说话,显然他并不满意,最后他说道:"你还没有到拿黑带的时候,一年后再来。"

一年后,徒弟又跪在武学宗师面前。

"黑带的真义是什么?"

"黑带代表开始,代表无休止的纪律、奋斗和追求更高标准的历程的起点。"

"好,你已经准备就绪,可以接受黑带和开始奋斗了。"武学宗师欣慰地答道。

我的未来不是梦

179

想要攀登武学之峰顶,你需要不断向前,每个阶段的结点,只是意味着你距离峰顶又近了一些,但是你的努力与奋斗之心要更加激昂。因为你还要走,还要行。

武学无疆

曾经有一个少年人,自幼好武,因家贫,迫于生计,在广平府西关大街中药字号"太和堂"中干活。这药店为陈家沟人陈德瑚所开。陈见小伙子为人勤谨,忠实可靠,又聪明能干,便派他到故乡陈家沟家中做工。适逢陈长兴借陈德瑚家授徒。小伙子心中十分羡慕,有心拜师学艺,但一者事繁,二者又怕陈不收自己。小伙子虽然懂得江湖禁忌,但因学艺心切,便在陈氏师徒练拳时,在一旁观看,用心记下某些招式,无人时便私下练习。久而久之,竟有所得。后被陈长兴发现,见其是可造之才,不但没有怪罪他,反而大胆摒弃门户之见和江湖禁忌,和陈德瑚商量,准其在业余时间正式学习太极拳。

小伙子正式拜师后。十八年中三下陈家沟,深得陈式太极拳精髓。艺成时,他已是四十岁左右的中年人了。为了生活,他先在家乡永年教授太极拳,后被人推荐去北京授徒。因武艺高强,在京城很有名号。弟子多为王公大臣,贝勒贵族,而这些人生活奢侈而体弱多病,又不耐艰苦。他考虑到这些人的身体素质和保健需要,将陈式老架太极拳中的一些高难度动作,如跳跃、跌叉、震脚等,改作不跳、不跌、不速、不震,或减小动作幅度,使姿势较为简单,动作柔和易练,既适合穿长衫、留辫子的人练习,又有益于健身。且该拳法姿势舒展大方,速度缓匀,刚柔内含,轻沉兼有。由此而成太极拳中著名的杨式太极拳,他就是杨氏太极的创始人,一代宗师杨露禅,时

人诗中就有"谁料豫北陈家拳,却赖冀南杨家传"的句子。

　　李小龙早期练的拳术是中国南派的传统武术咏春拳,他在美国开武馆时,有个叫黄泽民的武师前去挑战,虽然最终是李小龙获胜,但李小龙却对自己的表现很不满意。他认为在十几秒之内就应该解决对方,然而却打了很长时间,对此他非常沮丧。这一战后,李小龙痛感力量不足,杀伤力软弱。后来,李小龙在写给他的徒弟李某的信中说,要对咏春拳进行改良,提高力量和爆发力训练。但在第三封信中又说,已经改无可改,只得放弃。或者可以讲,这一事件促成了李小龙对传统武术的反思和再认识,此后,李小龙开始研究创立"以无法为有法,以无限为有限"融合世界各种武术精华的全方位自由搏击术——截拳道。

　　周星驰在《功夫》拍摄宣传期间受访说:"李小龙是我的偶像,小时候在戏院里看的平生第一部电影就是他主演的。那部影片让我感觉心中有一团火在熊熊燃烧,接连又看过几部他主演的电影后,我立志做一个武术家或是一个演员,如今我努力为之奋斗的一切都是因为他。他在香港电影的历史上是一个特例,是万中无一的人,他有武功天分,又有天时地利人和。对我来说他不仅是武术家,还是创意人,他对武功的想法与之前任何一个门派都不一样,总与别人不同,很多地方都是开创历史性的。还有就是他的远大眼光,想想看,在他之前,功夫除了本土市场,其他地方并不知道,但是因为 Bruce Lee(李小龙),让中国功夫和功夫电影风靡全世界,他是第一个看到功夫未来发展趋势的人,一个真正的先行者。在这部影片中,是否用一两个模仿他经典姿势的镜头表示我的敬意并不重要,重要的是,我把他对功夫的理解放到了我的电影中。"

逐梦箴言

　　李小龙说:"人,活着的人,创造武术的人要比任何已建立的各种武术体系重要的多,也更有价值。"

我的未来不是梦

■ 老鹰的再生

老鹰是世界上寿命最长的鸟类。它的寿命最长可达 70 岁。要活那么长的寿命，它在 40 岁时必须作出困难却重要的决定。

当老鹰活到 40 岁时，它的爪子开始老化，无法有效地抓住猎物。它的喙变得又长又弯，几乎碰到胸膛。它的翅膀变得十分沉重，使得飞翔十分吃力。它只有两种选择：等死，或经过一个十分痛苦的更新过程。

150 天漫长的操练中，它必须很努力地飞到山顶。在悬崖上筑巢，停留在那里，不得飞翔。老鹰首先用它的喙击打岩石，直到完全脱落。然后静静地等候新的喙出来。它会用新长出的喙把指甲一根一根地拔出来。当新的指甲长出来后，它们便把羽毛一根一根地拔掉。5 个月以后，新的羽毛长出来了。老鹰开始飞翔，重新得力再过 30 年的岁月！

逐梦箴言

在我们习武的路上，有时候我们必须作出困难的决定，开始一个更新的过程。我们必须把旧的套路、旧的传统抛弃，使我们可以重新飞翔。武学才能在我们眼前延展出更广阔的路。

■ 成功是一种"偏执"

有一个雕刻家，自从爱上这一行后，从来没有好好睡过一次觉。他常

常和衣而睡，他没有时间脱衣，也没有时间半夜起床，在抓起雕刀或铅笔记下他的构思时再披上衣服。每到有作品需要创作的时候，他的一日三餐仅是几片面包。清晨他从面包店买来面包，吃一个当早餐，剩下的就揣在怀里。他爬在高高的梯子上整日工作，饿了便啃面包充饥。

他最大的痛苦不是创作不出满意的作品，而是需要他为琐事忙碌，对于他来说这简直是种折磨。如果有人为他举行一个晚宴，并且邀请他参加，他会暴跳如雷。

他以前并不是一个完美的人，但到后来，他无法容忍自己作品出现微瑕。一旦当他在一件雕像中发现有毛病，他就会放弃整个作品，转而另雕一块石头。所以，他留给这个世界的作品总是很少。

他的名字叫米开朗基罗，一位天才的雕刻艺术家。

成功是什么？成功往往是一种"偏执"的状态。而马克·吐温说得更平白："偏执者与神离得最近。"

逐梦箴言

天下之道莫不如是，殊途同归，不疯狂不成佛。想要成为武学大师吗？那就拿出你的态度来，让天下尽知你的痴狂，再来看你如何登上峰顶。

知识链接

武童级

武童级是仅次于三级武士的武术运动员的技术等级称号。武童级的标准是：在县或相当于县级的基层比赛中，两项（拳术和器械任选两项）总成绩达 16 分以上，并经县体委或委托条件较好的基层体育组织审批合格的运动员。

我的未来不是梦

●智慧心语●

我们对自己抱有的信心，将使别人对我们萌生信心的绿芽。

——拉劳士福古

穷且益坚，不坠青云之志。

——王勃

虚心竹有低头叶，傲骨梅无仰面花。

——佚名

事无大小，人无高低，均在竞争中生存.

——大松博文

庄严的大海能产生蛟龙和鲸鱼，清浅的小河里只有一些供鼎俎的美味鱼虾。

——莎士比亚

第十章

我的未来不是梦

◦导读◦

　　举手投足,风生水起;呵呼吐纳,气贯周身;手眼身法步,精神气力功。每一个武术动作,都需要调动周身每一根神经去努力感受。每一个武术流派,都有着一段传奇曲折的历史。每一个武术梦想,都值得我们去珍视守望。

我有一个梦

在历数有关武者的种种之后，如果你依旧选择武术师作为你的职业，说明你已经知道并深刻了解一个武者在武技与武德兼备之后，在风起云涌的江湖中你还要看得清、想得明、行得正、立得端，若你有幸在一番江湖行走之后能够体悟天人合一的奥义，并结就属于你自己的红尘不朽传说，那是离着完美的武学之峰怕是只有咫尺之遥。然而好像皮肉筋骨叠加组合已成人的模样，却少了一点精气神，少了娲皇造人时度的一口气，又如已堆砌了九仞的高山，缺了一篑之土。每个梦想成为武术师的人，你的这一口气、一篑土是什么？就是你要相信你可以在这个行业做到优秀，你所做的分毫都是你要攀向至高之处的动因和积分。武道的至高是你日夜向往的彼岸，你要肯定自己的每一个积极的行为，祝福自己的每一次努力，相信你的重要与不可或缺，这职业必然因你而精彩无比，你做的每一尝试，都是朝最优秀的武术师不断迈进的过程，一切的风霜雨雪，巨浪波涛都不能阻挡你接近成功的脚步。你带着对这个职业无比强大的理想和信念走向它。

救赎梦想

曾经有这样一部无关武术师但却很经典的电影——《肖申克的救赎》，故事发生在 1947 年，银行家安迪因为妻子有婚外情，酒醉后本想用枪杀了

187

妻子和她的情人,但是他没有下手,巧合的是那晚有人枪杀了他妻子和她情人,他被指控谋杀,被判无期徒刑,这意味着他将在肖申克监狱度过余生。

瑞德1927年因谋杀罪被判无期徒刑,数次假释都未获成功。他现在已经成为肖申克监狱中的"权威人物",只要你付得起钱,他几乎能有办法搞到任何你想要的东西。每当有新囚犯来的时候,大家会赌谁将在第一夜哭泣。瑞德认为弱不禁风的安迪一定会哭,结果安迪的沉默使他输掉了两包烟。

长时间以来,安迪几乎不和任何人接触。一个月后,安迪请瑞德帮他搞的第一件东西是一把石锤,想雕刻一些小东西以消磨时光,并说自己能想办法逃过狱方的例行检查。之后,安迪又搞了一幅丽塔·海华丝的巨幅海报贴在了牢房的墙上。

一次,安迪和另外几个犯人外出劳动,他无意间听到监狱官在讲有关上税的事。安迪说他有办法可以使监狱官合法地免去这一大笔税金,作为交换,和他共同工作的犯人每人得到了三瓶啤酒。喝着啤酒,瑞德猜测安迪只是借用这个空闲享受短暂的自由。

一次查房,典狱长拿过了安迪的圣经,却没有翻开便递还给他,并告诉他"救赎之道,就在其中",可是典狱长没想到,那"救赎之道"真的就在其中。随后,他被派去当监狱的图书馆管理员,为了争取图书馆的图书更新,他每周写一封信,为图书馆的扩大而努力着,六年后,他实现了愿望。之后,他开始帮助道貌岸然的典狱长洗黑钱。并且为监狱其他狱警处理其他事项所需的文件。

一名小偷因盗窃入狱,巧合的是他知道安迪妻子和她情人的死亡真相,兴奋的安迪找到了典狱长,希望狱长能帮他翻案。虚伪的典狱长表面上答应了安迪,暗中却用计杀死了告诉他这个事实真相的汤米(安迪在狱中的学生),因为他一方面担心灰色收入曝光,另一方面他想安迪一直留在监狱帮他做账。

安迪知道真相后,决定通过自己的救赎去获得自由!行动之前,他给瑞德留下了神秘的留言。安迪通过努力成功"越狱",他的越狱工具就是那本圣经里面的"救赎之道",那把小小的石锤。他领走了帮典狱长洗的那些钱,

并且将典狱长贪污与谋杀的证据寄给了报社,典狱长在案发后绝望自杀。

当瑞德获得假释后,他找到了安迪为他留下的礼物,并克服了假释后的心理危机,找到了安迪。两个朋友最终相遇。

这里面安迪有一句经典的台词:

记住,希望是美好的,也许是人间至善,而美好的事物永不消逝。

不要忘了,这个世界穿透一切高墙的东西,它就在我们的内心深处,它们无法达到,也接触不到,那就是希望。

每个武术师对梦想的追逐都是对自己人生的一次救赎,也许你永远不能到达成功的彼岸,也许你永远不能登临至高的峰巅。但你却依旧要怀有你的梦想、你的信念,否则,你永远落于平庸,囿于你自己的囚笼,而不得救赎。

■ 怀抱希望

亚历山大大帝给希腊世界和东方的世界带来了文化的融合,开辟了一直影响到现在的丝绸之路的丰饶世界。据说他投入了全部青春的活力,出发远征波斯之际,曾将他所有的财产分给了臣下。

为了登上征伐波斯的漫长征途,他必须买进种种军需品和粮食等物,为此他需要巨额的资金。但他把从珍爱的财宝到他领有的土地,几乎全部都给臣下分配光了。

群臣之一的庞尔狄迦斯,深以为怪,便问亚历山大大帝:

"陛下带什么启程呢?"

对此,亚历山大回答说:

"我只有一个财宝,那就是'希望'。"

据说,庞尔狄迦斯听了这个回答以后说:"那么请允许我们也来分享它吧。"于是他谢绝了分配给他的财产,而且臣下中的许多人也仿效了他的做法。

保持"希望"的人生是有力的。失掉"希望"的人生,则通向失败之路。"希望"是人生的力量,在心里一直抱着美"梦"的人是幸福的。也可以说抱有"希望"活下去,是只有人类才被赋予的特权。只有人,才由其自身产生出面向未来的希望之"光",才能创造自己的人生。

在迈向武学之巅的征途中,最重要的既不是盛名,也不是地位。而是在自己胸中像火焰一般熊熊燃起的一念,即"希望"。因为那种毫不计较得失、为了巨大希望而活下去的人,肯定会生出勇气,不以困难为事,肯定会激发出巨大的激情,开始闪烁出洞察现实的睿智之光。只有睿智之光与时俱增、终生怀有希望的人,才是具有最高信念的人,才会成为武学之峰的登顶者。

对一个武术师来说,每天都是一个迈向新的境界的开始。你始终在朝着你的梦想靠近,也许有时步履显得缓慢,有时只是尺寸之进,但是你的信念把你带到了这里,向前走吧,会有一片全新的天空出现在你的面前,在穹窿之下,你的梦想也许已成一道璀璨的风景。

有人说,人类的历史是一条奔腾不息的河流,永远不会停留在一个地方,也不会停留在某一阶段,它始终在不断地超越。武术师对招式的感悟,同样既有对前人的超越,也有对固有的升华与突变,是走向武道王者不可缺少的阶段。正是这种超越,才使武术由粗陋、零散走到流派众多、高手如云的今天。

尼采说:"生命企图树起自己的云梯——它渴求眺望到遥远的地方,渴望着最醉心的美丽——因为它要求向上!""生命企图升起,升起而超越自己。"

生命渴望的地方,就是我们每个人自己选定的目标和理想。超越自我的过程就是创造的过程。人活在世上,不能只贪图安逸享受。慵懒自私的人,永远也享受不到人生的真正乐趣。只有努力创造,全力拼搏,不断超越,才能在激烈的竞争中占有自己的位置,使生命的碰撞发出耀眼的火花。

那些视武术为生命灵魂的大师们,从来不会停步,伟大武术师的光辉事迹便是超越生命的典范。杨露禅的太极,达摩的十年面壁,董海川的八卦,叶问的咏春拳,李小龙的截拳道……他们树立起的丰碑,征服和影响着无数后来习武者。

成就自我

有个年轻人,曾自信地在一张便笺上写道:"我的明确目标是,成为全美国最高薪酬的超级东方巨星。从 1970 年开始,我将会赢得世界性声誉。到 1980 年,我将会拥有 1500 万美元的财富,那时候我和我的家人将过上幸福的生活。"而那时他刚刚从香港来到美国,除了对武术的热爱,他似乎孑然一身。

为了提高自己的武技水平,他除了勤习中国拳术外,还研究西洋拳的拳法,他一边参加西洋拳训练班,一边节省零用钱购买世界拳王路易士的拳击赛纪录片,从中学习拳王的步法、身法、拳法和训练方法;他还经常参加校内外的拳击比赛,不断丰富实战经验。

在大学学习期间,他在学校里组织了一支"中国功夫队",经常在校园里进行训练和表演,博得了师生们的好评。他经过精益求精的潜修苦练,终于使功夫逐渐娴熟乃至达到更高的境界。其中的"李三脚""寸拳"和"勾漏手"更是他的绝招。后来他又开了一家武馆,开门授徒。

随着武馆的兴旺,为了扩大影响,他经常到各处参加武术比赛,武馆的规模和设备不断完善,世界上许多显赫的武打明星如美国空手道冠军劳力士等都争着拜他为师,好莱坞的著名电影明星如占士亨宾和史提夫都是他的门徒。世界拳王阿里也曾登门拜访,与他交流经验。美国各流派的拳师经常聚集在他的武馆切磋武艺。

1971 年夏季,他接受香港嘉禾电影公司的邀请,以 1.5 万美元的片酬签了两部影片,第一部是以中国武术为题材的《唐山大兄》。该片预算只有 10 万美元,而且剧本也是边拍边写的,在这种情况下却创下了香港开埠以

来的电影最高票房纪录，达到了 300 万港元。继《唐山大兄》之后，他又拍摄了《精武门》，《精武门》比《唐山大兄》增加了一倍的预算，引起更大的轰动打破了亚洲票房纪录。他在片中的大无畏精神和惊人的打斗技巧，特别是他表演的"李三脚""地躺拳"和"双节棍"，令人赞不绝口。此后，他又自组协和电影公司，自编、自导、自演了影片《猛龙过江》和《死亡游戏》，《猛龙过江》更作世界性发行。还与美国好莱坞华纳电影公司联合拍摄了《龙争虎斗》，并亲自担任了主角。这些事业和成绩为他赢得广泛的赞誉和关注，名利双收。他，就是李小龙，20 世纪最受世界瞩目的华人之一。

美国空手道冠军得主路易斯·迪尔对美国《黑带》杂志说："我无法再遇到一个像李小龙那般对武术狂热的人了，他能够成功，除了一半是天赋外，其余都是他肯努力的结果。他实在非常努力。发拳快、准、劲，足以令他雄视武坛。此外，他对各种武术器械的认识及纯熟，可以称得上是专家，就是这些没有人及得上他。"

七届世界空手道冠军劳力士接受《功夫之手》杂志访谈时说："他的全部生命就是武术……再也找不到像他这么棒的人了。我从李小龙那里学到了很多东西。他是个知识渊博的人，也是世界上武功最好的人！这就是我个人的看法。"

李小龙的武术梦，只因他最终获得了无与匹敌的成就，虽然这个巨星最终陨落了，就如他自己所说："随着时间的流逝，英雄人物也和普通人一样会死去，会慢慢地消失在人们的记忆中。而我们还活着。我们不得不去领悟自我，发现自我，表达自我。"他在其短促的一生中，一直向前追逐他的梦，英年早逝，无改我们对其无限的敬意。因为他使得所有热爱武术的人都更坚信：当梦成为一种理想，一种信念，所迸发的力量不可小觑，不可轻忽，稍不注意，就会惊天骇地！

即便习武之路不是一帆风顺，失意、彷徨、无助、逆境可能如影相随，可最可贵的人性光辉，往往在此时得以绽放，驱除一切阴霾，还你晴空万里，那这一切就是理想与信念的力量，拥有它，你就拥有战胜一切的力量，并为此奋斗不止，人生也终会成就一幅灿烂美景！